人が集まる
中小企業の経営者が実践している、
すごい戦略

採用
ブランディング
新版

ブランディング・ディレクター
深澤 了

WAVE出版

はじめに

これまでの採用は母集団を集められる大手企業の一本勝ちでした。

知名度が低い企業は母集団を集めようとしても、媒体に求人広告を掲載しただけでは、もはや人が集まらない状況だったのです。

母集団をなんとか確保するために、さらに媒体に予算を投下し、合同説明会に参加する数も増やしていくと、採用予算も年々増加。なんとか母集団を確保して選考に進んでも、途中離脱、内定辞退が続き、結局良い人材は確保できず、多額の予算も無駄になってしまっていたのです。

コロナ禍を経て、一時期は採用しやすいタイミングもありましたが、現在は新卒、中途採用ともに、人材不足だったコロナ禍以前よりも採用難に陥っています。

リクルートワークス研究所によれば、２０２０年度の中途採用実績は１・18人と前年度の１・48人からマイナス20・２％の減少となりました。また２０２１年卒の大卒求人倍率は１・53倍で、前年度よりも０・５ポイント減少しましたが、２０２４年の大卒求人倍率が１・71倍という結果でしたから、実質、大幅にポイントが上昇しています。さらに従業

採用ブランディングは無名の中小企業に奇跡ともいえる効果をもたらしてきました。

多くの経営者は、採用と営業、マーケティングを分けて考えがちですが、採用ブランディングを実践することは、自社のファンを増やすことにつながります。

採用だけにとどまらず、企業成長につながるという点で、経営そのものにインパクトを与えられるのです。

採用ブランディングは、企業ブランディングの入り口であり、従来からのブランド論にあった「企業」「商品・サービス」のそれぞれのブランディングに並び立つブランド論の新しいカテゴリーと言えるでしょう。

本書では採用ブランディングの理論から実践まで余すところなく解説していきます。

1章から3章では、採用ブランディングの基本的な考え方を解説。4章では、採用ブランディングを成功に導く企業の土台づくりから、実践までをまとめた「21の法則」を伝授します。5章では、制作事例を用いて、採用広報で陥りやすいミスをチェックしながら、効果の出る制作物のポイントを紹介。6章では、採用ブランディングが、利益をつくる人を生み、企業ブランディングにつながることに言及しました。

企業は自社の理念や価値観に自信を持ち、それを詳細に伝えていくべきです。自社の強みを表すことは大きな差別化となり、企業側、求職者双方が自らの価値観とのマッチングを行えるようになります。

多くの企業が採用ブランディングを正しく理解し、実践することで、自社に合う人材と出会い、また求職者も自分に合い、活躍できる企業に出会えることを願ってやみません。

本書がその一助となれば幸いです。

目次

第2章 自社の価値をコンセプト化すると採用はうまくいく

第3章　共感を重視すると優れた人材を採用できる

第4章 「21の法則」で欲しい人材が効率よく採用できる

第5章 「5つのポイント」だけで心を掴むサイトがつくれる

第1章

「採用ブランディング」なら人材も利益も得られる

採用不振の会社が「採用ブランディング」で奇跡を起こす

小さな会社でも大企業に負けない

「新卒採用0人続きで諦めていたのに、今年は7人も採用できました」

「一部上場企業の内定を蹴って、第一志望で我が社に来てくれたんです」

「1週間でエントリーが6000件！　採用担当がパンクしています」


採用ブランディングを導入した採用結果に「奇跡だ」と喜ぶ経営者、人事担当、現場の社員の方たち。数カ月前、初めてお会いしたときには、人材不足に悩み、採用ができないことで意気消沈。すっかり自信をなくし「うちの会社にはいいところなんてないですよ」経営者自らそんな言葉がでるほどでした。それほどに、採用の成否は経営者の自信を左右するのです。

近年、人材不足は企業にとって深刻な課題です。帝国データバンク2023年10月実施の人材不足に関する企業の動向調査によると、実に52・1%が正社員不足と解答しました。特に、旅館・ホテルでは、75・6%が人手不足であると回答しています。

優秀な人材を獲得できるのは一部の大手企業のみ。知名度の低い中小企業は採用に多額の費用を投じ、応募者を集めても、数でも質でも思うような結果が得られていないのがこれまでの現状でした。既存の市場や手法で戦っても、ほとんどの中小企業は望むような人材を獲得することができず、その結果、企業の成長は鈍化し、将来的には衰退してしまう恐れすらあるのです。

コロナ禍以降、どの企業も人材獲得に積極的になっています。労働人口は減っていくわけですから、年々人材不足は加速していきます。差別化が難しく、競争の激しいレッドオーシャン（競争市場）を抜け出して勝ち抜くための方法が、採用ブランディングなのです。

採用ブランディングを行った企業17社に調査を行い、その前後でどのような変化があったのか比較してみると、実感する変化に共通した3点がありました。

①母集団（自社に興味を持つ就活生の数）の増加
②母集団の質的向上（※企業側の実感に基づく）
③内定承諾率の上昇

採用ブランディングを用いると、どんなに無名な小さな企業でも、①～③の変化が起こり、圧倒的に欲しい人材を採用できるようになっていきます。その効果は驚くほどに早く数字に表れるため、採用は一変。奇跡とも思えるほどの変貌をとげるのです。

採用に苦戦を強いられていた中小企業に起きた奇跡とは、一体どんなものなのか。今、なぜ採用にブランディングが必要となっているのか。これまでの一般的な採用とは異なる有用性と必要性を、「採用ブランディング」を紐解きながらお伝えしたいと思います。

従来の採用方法はもう通用しない

採用活動で、多くの人がまずすることは、採用メディアのサイトへの登録と、そこからの採用情報収集ではないでしょうか。現在、人材を募集しているほとんどの企業では、いわゆる「採用メディア」を中心に据えた採用活動が行われています。

新卒であれば、「リクナビ」「マイナビ」「エン・ジャパン」などが有名で、既卒（中途）採用であれば「リクナビＮＥＸＴ」「マイナビ転職」「ｄｏｄａ」などがあげられます。これらの採用メディアが主軸となった採用フローが一様に形成されているのです。

企業の採用フローステップは、次の５つ。

①採用メディアへの登録
②説明会の開催
③選考（面接）
④内定
⑤内定者フォロー

②は中途採用では省く企業がほとんどですが、驚くことに、ほとんどの企業が企業の規模や歴史、業種、業態にかかわらず、右へ倣えとばかりに一様に採用メディアを中心としたこの採用フローの形式をとっているのです。これでは差別化にならないので、いつまで

経っても採用できず、マッチングの精度も低いまま。大手企業と同じやり方ではなく、自分たちらしい採用を組み立てることが、結局は効率的で本質的な採用につながるのです。

従来の採用方法で勝てるのは大企業だけ

長らくメディア掲載が主軸となった今の採用活動で、母集団を獲得できるのは大手企業や有名企業に限られます。大手企業や有名企業はすでにブランドイメージが定着し、知名度があるため、どの媒体に掲載しても応募者は自然に集まってきます。とくにBtoCの企業は有利です。応募者が普段から消費者として商品に接しているため、企業イメージが想像しやすいのです。そのため、メディア掲載するだけで、楽に母集団を形成できるでしょう。

大手企業でもBtoB企業の場合は、業界内では知名度があったとしても、一般にはあまり知られていません。そのため、リクナビやマイナビが募集を開始する3月を見据え、1月頃からテレビCMや新聞広告などのマス広告を積極的に行うなどして知名度の向上に努めることが増えています。

例えば、村田製作所は90年代からインパクトのあるCM広告を展開し、知名度を上げた

ＢtoＢ企業です。最近では「村田製作所で働く○○系の人たち」と題して、シリーズ化したＣＭが話題になりました。雑学系の人、観察系の人、ブラックホール系の人など、社員を取り上げて仕事を紹介するＣＭは、知名度向上と、採用効果を上げる広告と位置づけることができます。

三菱重工や東芝が親子で学べて楽しめる施設として「三菱みなとみらい技術館」「東芝未来科学館」などの施設を安価な入場料、または無料で展開しているのも、知名度向上を狙ったものでしょう。消費者に近い大手ＢtoＣ企業ならもちろん、ＢtoＢでも、大々的にマス広告を打つことや一般に向けて施設を運営している大手企業ならば、既存の採用フローが有利に働きます。

知名度や体力のある大手企業が比肩する採用市場で、無名で投資体力も持ち合わせていない中小企業が同様の戦法で戦っているのが今の採用です。このまま同じ市場・方法で戦っても、勝つ術はないことは容易に想像できます。

小さな会社が大企業に勝てる採用ビクトリーゾーン

では、中小企業は優秀な人材獲得を諦めるしかないのかというと、そうではありません。秘けつは戦う場所を変えること。労力も投資できる財力勝負になりがちだったレッドオーシャンから抜け出して、他社との差別化が見事になされた唯一無二の存在として、勝負に勝てる「ビクトリー（差別化された市場）」の場で採用フローを行うことです。

図1は採用ブランディングで最も重要な「採用コンセプト」をつくり出すための表です。コンセプトは、採用活動全体を貫く軸。つまり何を一番に伝えるのか、どこで勝負するかを決める表です。右上の「ビクトリー」ゾーンでコンセプトをつくり出せれば、自社の強みを頼りに戦えるので、差別化がしやすく、成功する可能性が高くなります。

まずは軸からみていきましょう。横軸は「自社と他社との違い」です。他社と明確に違う大きな強みがあればベストですが、採用ブランディングの場合、社内で自信があると思えるものでOKです。他社との明確な違いとは、例えば「特許技術」などがあれば理想的ですが、「チームワーク」でも問題ありません。「チームワーク」に関するエピソードが豊富にあるならば、それを土台に戦うことができます。他社との差がわかりやすい数字など

図1　採用コンセプトのつくりかた

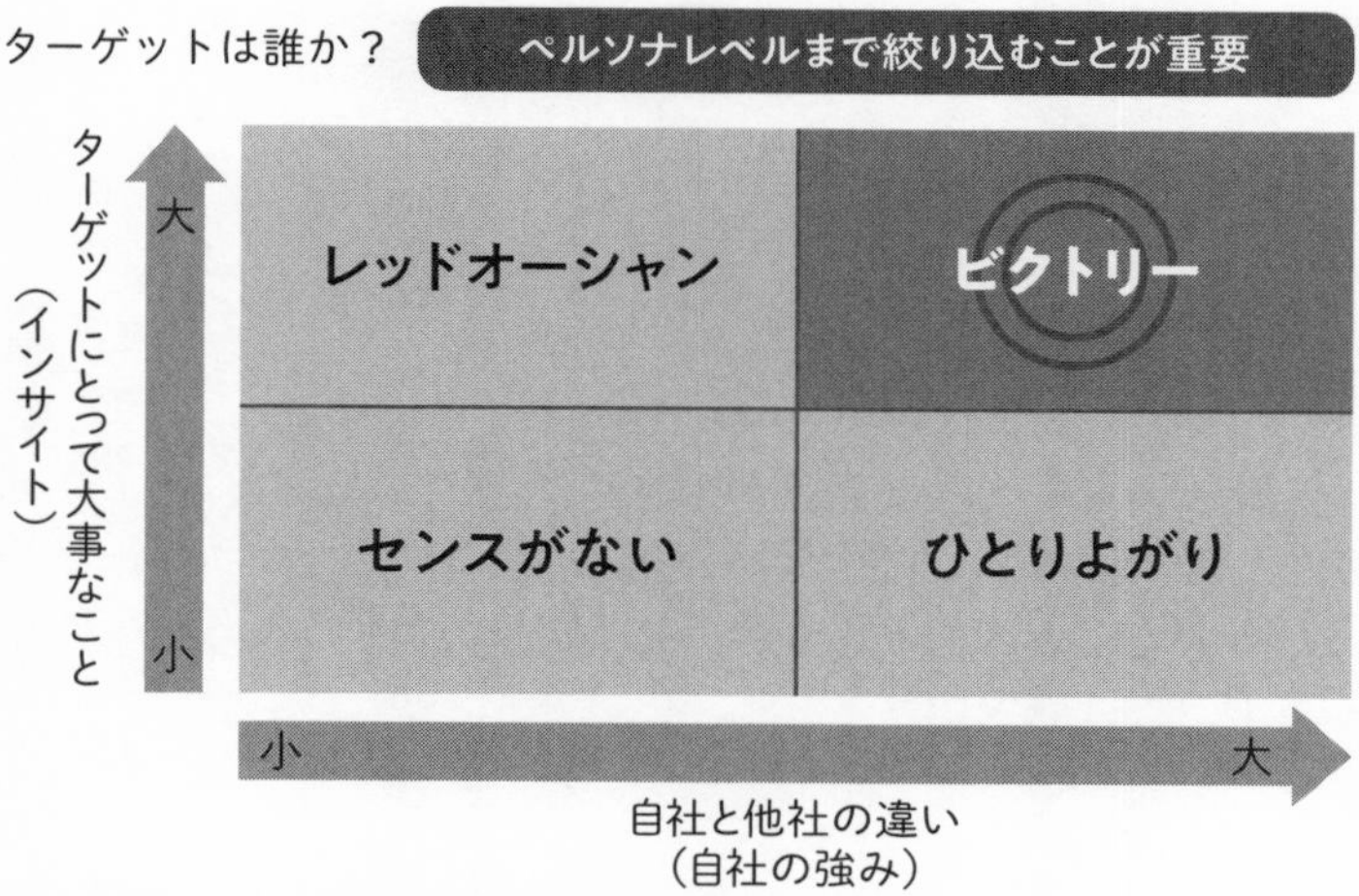

『CRM-顧客はそこにいる(Best solution)』（東洋経済新報社）を基に作成

に固執する必要はありません。

次に縦軸は「ターゲットにとって大事なこと」です。ここは言い換えれば、ターゲット（ペルソナ）のインサイト（人を動かす隠れた心理）。彼らが就職（転職）活動で何を重要視しているかです。

これを解き明かすには、まずペルソナが具体的に設定されている必要があります。そうでなければ、ただ漠然と感覚だけでインサイトを決めがちになります。後述しますが、ペルソナは「超理想」を描くことが大切です。なんとなく時流に沿って考えて、「やっぱり給与だよね」「休みが多いほうがいいんでしょ」という結論になってしまうと、意味がありません。給与や休日を重視している人が本当に自社にとって欲しい人なのか、と問いただしてほしいのです。

また、ペルソナが具体的でないとメッセージがぼやけ、差別化がしにくくなります。ペルソナが給与や休日を重視するとして「他社との違い」を「チームワーク」とした場合、給与や休日を重視する人たちに「チームワーク」をどう訴求していくのか、というとかなりハードルが上がります。結局、具体的な数字で出せる給与や休日のみの訴求になり、差別化になりません。だからこそ強みもインサイトも徹底的に考え抜くことが、差別化につながり、採用の成功につながるのです。

次に、各ゾーンを見ていきましょう。右上の「ビクトリー」ゾーンは、唯一にして最も差別化できるゾーンです。コンセプトに忠実に採用活動を行うことで、そのメッセージに反応する応募者のロイヤリティ（忠誠度）を高める効果的な採用を行うことができます。逆に、そのメッセージに惹かれない人は反応しないので、募集段階からマッチング精度を上げることにもつながります。知名度や地域などに関係なく、大手企業や有名企業に対峙できる競争力を得られる場所なのです。

左上が「レッドオーシャン」のゾーン。ペルソナのインサイトに訴求できているけれど、他社とはたいして違いが生まれないゾーンです。理想のペルソナをつくれず（つくらず）、漠然とインサイトを考えている場合に陥りやすいゾーンです。例えば、給与や休日は多くの応募者が重視する項目ですが、より給与や休日が整った企業はいくらでもありますから、そこを強みに戦える企業はほとんどいません。そうして自らレッドオーシャンに飛び込んでいる企業も多いのが現状です。

右下は自社の言いたいことだけを言ってしまっている状態。「ひとりよがり」ゾーンです。ただ、ここのゾーンに陥る企業はそう多くありません。

左下の「センスがない」は横軸も縦軸もたいして重要でないところで訴求してしまっているゾーン。しかし、実は採用で陥りやすいゾーンです。

例えば中途採用の場合、どの企業も少人数での採用が多く、新卒ほど重層的な接点はないので、転職媒体のみで採用しようとします。すると、必然的にその求人広告に書かれているメッセージが重要になります。しかし取材者やコピーライターには採用ブランディング的な思考や技術がないため、「応募が集まる」と社内で共有された細かなテクニックで応募者数のみを担保するやり方になってしまいがちなのです。そうすると、訴求力もないため、応募も少なく、マッチングの精度も低いため、予算の無駄に終わります。

たとえ自社に応募者が集まるからといって、そのまま選考しても、ミスマッチを助長して入社した人がすぐに辞めてしまい、また募集を開始するという企業をたくさん見てきました。

コロナ禍以降、新卒採用は大手企業を中心に募集を増やしています。リクルートワークス研究所が行っている新卒採用見通し調査では、コロナ禍以降、毎年10%~15%の企業は前年よりも募集を増やすと回答しています。採用難を見越して、多くの企業が内定出しの数を増やしていると予測されます。既存の採用形式の選考では、他社との差別化は困難になり、集まった母集団の中から選ぼうとしても、そもそも母集団が集まらないという状況になっています。

今後、労働人口の減少が加速すれば、人材の獲得はますます難しくなり、パイの取り合いは一層激しいものになります。メディアを中心とした採用活動が成り立っていた企業も苦戦を強いられる状況になるはずです。これから来る時代に向けて、今こそ既存の採用フローを見直すべき時期なのです。

採用にはブランディングが必要になる

「ブランディング」という言葉を耳にしたことがある方は多いでしょう。なんとなく知ったつもりでいたけれど、実はよくわからないという方も多いと思います。採用ブランディングをお話しする前に、「ブランディング」について整理しておきましょう。

ブランドとは「焼印をつけること」を意味するburnedからbrandという言葉が生まれたとされています。放牧している家畜が自分の所有物であることを示すために、自製の「焼印」を付けていた歴史から、「識別するためのしるし」という意味を持つようになりました。

商品や会社の希少性、信頼性を認知してもらうための証がブランドであり、そのブランドを形成するために必要な考え方がブランディングです。

ブランディングは「コピーやデザインが媒体間で統一されたプロモーション」と捉えられている傾向がありますが、これは本来の意味とはずれています。デザインをプロモーションするのはブランディングの一側面でしかありません。ブランドをつくるためにはどうしたらいいか、そのための施策や考え方などすべてを指した言葉がブランディングなのです。

ブランディングという概念があるのは、企業は継続性を持たなければいけないからです。

定期的に売上を上げ、継続性のある会社として存続させる。そのために、自社が提供する商品やサービスがほかとは異なる価値を持ち、顧客の信頼に値する証として「印」をつけることは、長きに渡って差別化され、認知度を高めるうえで極めて有効な手段だからです。

「企業は人なり」——かつて松下幸之助が言ったように、会社を存続させるための最たる要因は〝人〟ですから、会社存続は採用にかかっています。採用こそ中長期的な成果が求められるものなのです。

「人が入ったからいいよね」と一過性の仕事と捉えてしまうのは大問題。採用した人が活躍し、会社の質が向上し、業績アップをもたらし、認知度もアップ、一層よい人材が入社する、といった好循環を起こす採用でなければなりません。継続的発展をもたらすために、採用にこそブランディングが必要なのです。

正しい理解と方法によってブランディングを採用に応用できれば、規模や知名度にかかわらず、採用を成功させることができます。

採用ブランディングとはまさに、本質的なブランディングを採用シーンで実践するための考え方であり、具体的に実行するための方法論にほかなりません。

採用活動のベースは「理念への共感」

「とにかくたくさんの人を集めてくればいい」「必要な人数を採用できればいい」――採用とはそういうものではありません。とくに正社員の採用とは自社の発展を共に実現する〝同志〟を見つける作業なのです。しかし、いきなり同志になる人は少ないでしょう。まして知名度のない会社ではなおさらです。

まずはファンになってもらい、自社のことをよく知ってもらう必要があります。会社のファンになってもらうには、共感を呼ぶ想い＝理念が必要になります。理念とは、会社がなんのために存在し、社会に対して何をするのかが表されたものなのです。

理念が必要と言いましたが、新しくつくりだしましょうということではありません。会社の始まりは、創業社長の熱い想いあってのもの。言語化されていなくても、どの会社にも必ず理念があるのです。そこを改めて社員全員が再確認し、理念を前面に出した採用フローを組み、理念に共感し、ファンが増えていく採用方法を構築していく。それこそが、「同志発掘」という本来の目的を実現する本質的採用です。

採用ブランディングでは、そのために理念を深掘りし、応募者が理解できる採用方法に落とし込み、伝え続けることを徹底して行っていきます。

理念を前面に出せば採用競争に勝てる

ブランド論の第一人者であるケビン・レーン・ケラーは、ブランドを形成するには「強く・好ましく・ユニークな」イメージが重要だと述べています。採用もまた、応募者の頭の中につくられるイメージによって結果が大きく変わります。

採用の目的は、会社を共に発展させる同志を見つけること、そして同志とはまずはファンであり、理念に共感している人であると前述しました。つまり、採用を成功させるための「強く・好ましく・ユニークな」ブランドイメージは「理念」を基軸につくられていくべきなのです。

創業者の想いが詰まった理念は唯一無二のものです。理念を徹底的に追求して、きちんと伝わっていく採用フローならば、必ず差別化が起こり、会社が求める人材を獲得できるのです。社長を筆頭に、採用に関わる社員全員が理念を共有し、理念に基づいて「自分の言葉で語れる」状態をつくることが成功への近道。理念共感採用の第一歩となります。

日本マクドナルドの大赤字を3年でV字回復させた功績を持つ、日本マクドナルドホールディングス社長兼ＣＥＯのサラ・Ｌ・カサノバ氏は、まさに自身が理念に惚れこんで入社し、会社を救うほどの活躍人材となった好例です。

カナダの小さな町で生まれ育ったカサノバ氏は、地元にはないマクドナルドへ行くのが何よりも楽しみな子だったそうです。大学院で入りたい会社についての課題論文では、マクドナルドカナダの社長に何回もアポを取って会ってもらい、インタビューしたほどの大ファンぶり。マクドナルドが働きたいと思った唯一の会社だった彼女は、夢を叶え見事な活躍を果たし続けています。

カサノバ氏をここまでのファンにしたのは、創業者レイ・クロックが大切にしていた理念「クオリティ（Ｑ）、サービス（Ｓ）、クレンリネス（清潔さＣ）」がマクドナルドに体現されていたからでした。清潔でモダンで、笑顔がある空間。そこに魅力を感じ続けられたのはカサノバ氏だけではありません。

ファンが減少した理由は、「価格を強調したプロモーションが増え、お店の楽しさやＱＳＣのバランス崩壊でマクドナルドらしさを失っていたことにある」と気がついたカサノバ氏は、理念に立ち返るため、当時の全従業員12万人のトレーニングを開始。徹底した理念の浸透を図りました。理念に基づいてプロモーション、お得なメニューの復活、国内約2900店舗の92%を改装するなど、さまざまな施策を打ち出した結果、消費者から支持されて脅威の業績回復を成し遂げたのです。

理念が明確に打ち出されているからこそ、そこに触れた人はファンになるのです。とくに社長は自分の理念ひとつで、事業を興し継続してきた人ですから、想いを一番熱く語れる人物です。

理念共感採用を実現するには、キラーコンテンツとして、社長は重要な役割を担うことになるので、ぜひ前面に立ってほしいと思います。理念こそ、自社を唯一の存在にして、採用市場で勝つことができる奥義なのです。

採用の課題はすぐに解決される

採用における課題は、次の4つに集約されます。

①母集団が集まらない
②望む人材が来ない

③途中離脱が多い
④内定承諾率が低い

とくに中小企業に顕著に浮かび上がるこれらの課題。これまでの採用活動の手法では成果が出せないのを物語っています。

採用に関するさまざまなセミナーや勉強会が開催され、採用問題の解決策が指南されていますが、語られているのはそれぞれの施策の手法についてだけです。「人を集めるための採用媒体の活用法はこれだ」「内定承諾を確実にするフォロー体制とは」など、どれも単発の施策に対して、一見目新しく効果が出そうな手法が語られているにすぎません。

一時的に成果は出るかもしれませんが、これでは成果に陰りがみえてくると、また新しい手法を、と常に手法を追い求めることになってしまいます。４つの課題それぞれへの単発的な解決策は一時的なしのぎにしかならないのです。

４つの課題はバラバラに存在しているわけではありません。解決には、採用本来の意義に立ち返る必要があります。同志発掘――応募者と会社を深い部分で正しくマッチングすること。理念に共感する応募者と会社がマッチングする、それこそが採用本来の意義であり、お互いの幸せにつながります。

採用ブランディングは、理念・共感を土台にして採用全体をとらえる考え方であり、思想であり、理論です。採用フローにおける各施策の単純な方法論やメソッド展開ではないのです。

採用ブランディングは理念を土台に、採用全体を貫くコンセプトを設定し、すべての採用フローをそこに紐づけていくので、実はとてもシンプルな考え方です。個々の施策をバラバラに考えて対応しなければならない複雑さがなく、何が大切なのか本質を見極められるようになります。やることが多すぎてパニックになりがちな人事担当者にとっても、何を基準に会社を選べばいいのかわからない応募者にとっても、大事なことはたったひとつ、理念だと優しく教えてくれるのが採用ブランディングです。

採用ブランディングの進め方は、次の流れになります。

①ターゲットに近い応募者を集め(むやみに数を追い求めなくてよい)
②独自性のある選考フローを実施し
③フォローや教育を経てミスマッチの少ない採用を実現する

その結果、内定辞退者や離脱者が減少し、入社後の退職を防ぎ、活躍人材の育成を進められるのです。本質的な採用効率化の実現です。

大量に集めて選考し、内定をたくさん出しては逃げられ、採用した人までもが数年で辞めてしまう。これまでの採用における悪循環は非効率そのものでした。これは体力に余裕のある一部の企業でしか継続できない方法でもあったのです。

また、リクナビやマイナビに掲載せず募集を行う企業も増えてきました。自社の採用ページをオウンドメディア化し、直接応募を集めるために、これからはIndeedやGoogleを使用しての採用がますます増えていくでしょう。これまでの手法を手放して、理念という自分たちだけの軸を確立した本質的な採用に変換するときがまさに、今なのです。

人材問題を根本的に解決し、中長期的な好循環をもたらす採用ブランディングが必要とされています。

採用ブランディングで人も組織も業績も成長する

新卒採用0人企業が2カ月で7人に！

ＳＥＳ（システムエンジニアリングサービス）は、ＩＴ企業をクライアントとして、技術者を派遣するサービスです。ＳＥＳで検索すると、「ＳＥＳから脱出せよ」「人生が台無し」「ブラック企業に駐在」など、ネガティブなワードが続出します。よい印象をもっている人は少なく、不人気な仕事として採用自体が難しい業種で、中途採用もうまくいかず新卒採用も０人という事態に悩むＡ社がありました。

「このままじゃダメだ」と採用ファーストの考えを社長が強く意識したことで、採用担当から現場の人間までが勢ぞろいし、大人数での採用ワークショップが開催されました。

そこで自社の強みを整理したところ、

・カフェのようなオープンな職場
・世の中より時間がゆっくりしている

といった、一般的には堅苦しく映るＩＴ企業のイメージを覆す雰囲気や、

・前職がまったくＩＴでない人も大歓迎

など、スーパーのレジ打ち、美容師などの前職の経験も活きたという意見も多数。ＳＥＳと聞いて抱くマイナスの業界イメージを覆すＡ社の実態が明らかになり、社員が一丸となって採用ブランディングの手順を着実に踏んでいきました。

自社の理念に沿って採用フローを決めていったＡ社は、旧ツイッター（現在はＸ）を採用フローに加えました。社長を筆頭に採用担当も入れて4～5人がアカウントを持ち、日々ツイートすることにしたのです。

その結果、２０１９年の新卒採用結果は、前年度0人から7人へと飛躍し、そのうち2人は旧ツイッターからの採用となりました。もちろん旧ツイッターもＸも広告費やイベント参加費などが一切かかりません。ＳＮＳが採用に果たす効果も実証されたわけです。

さらにその翌年の２０２０年、２０２１年共に、20名の採用（第二新卒者を含む）を達

成しています。

採用人数の数字もさることながら、採用ブランディングの効果を示したもうひとつはそのスピードです。採用ブランディングを実施しはじめたのが２０１９年６月なので、費やしたのは約２カ月。夏が終わる時点で７人の採用が決まりました。採用ブランディングは、採用の本質に沿うため、確実な成果が短期間に出るのです。

採用の理想形、リファーラルが半分以上の奇跡

採用ブランディングには、短期的メリットと長期的メリット、ダブルの効果があります。Ａ社のように導入して即効果が表れるのが、「短期的メリット」。採用ブランディングの考え方で採用を継続することでもたらされる好循環が「長期的メリット」です。

長期的メリットとは、採用にリファーラル（紹介）がおこっていくことを指します。採用では、最少の費用で優秀な人材を獲得できるのが特徴です。入社した社員が「うちの会社いいよ。あなたに向いてるよ」と後輩や知人、最適と思われる人に声をかけてくれることほど、楽で信用のおける採用はありません。

採用ブランディングで入社した人は、理念に共感して入ってきているので、会社への愛着度が高い。愛着が高い人は、私たちの調査によれば、活躍人材になり得る人物です（44ページ）。その人がいきいきと働く姿は周囲にも伝わり、「入らないか」と勧められた人は、「この人がいるなら」とその姿に背中を押されるのです。

不動産投資会社のB社は採用ブランディングを早くから導入し、最先端の採用活動を進めている会社です。採用ブランディングを継続していることで、採用の理想形、リファーラルのサイクルを見事に実現しています。2019年は7人の採用のうち3人がリファーラルでした。採用の長期的メリット、リファーラルサイクルが生まれるのも、採用ブランディングの特長です。

また、B社ではリファーラルの奇跡と同時に7人の内定を出し、7人全員が承諾。100％の承諾率を出しました。ほかの企業の選考を離脱してまでB社へ来た人、300億円規模の一部上場企業を蹴って来た人。不動産投資も不人気の業種ですが、大手企業を断ってまで第一志望となるのは、採用ブランディングにより理念が真っすぐに強く届いているからにほかなりません。

地方のホテルに海外の大学から応募者の奇跡

C社は全国でホテル事業や飲食業を展開している、創業90年を超える（当時）地方の老舗企業です。採用ブランディングを導入する前は、地元の私立大学を中心に採用活動をおこない、内定を出していました。ホテル事業の展開は順調で、全国30店舗超えも目前、ミャンマーなど海外へのホテル建設も決まり、会社の成長に人員数が追い付かない状況でした。ところが、地元の学生は「ここから出たくない」という希望が強く、全国転勤、まして海外勤務などしたくないと内定辞退が相次いだため、採用方法を一新することにしました。

当時、現場の活躍社員を集めた採用チームから、自社の強みを抽出すると、

①地元で90年続く安定感。伝統と歴史。
②口コミで高い評価を受け、ヘビーユーザーが多数いる商品力。
③ホテルグループ、全国への出店ラッシュや海外進出などに見られる将来性。

の3つに集約されました。

採用したいターゲット像は、早稲田大学商学部卒で地元の高校でラグビー部出身。地元に帰って貢献したい気持ちと、グローバルに活躍したい気持ちのせめぎ合いの中で就職活

動に邁進する姿をイメージしました。

東京の大企業で、グローバルに活躍することを目指すよりも、地元から目指したほうが早く海外で働くことにつながり、仕事を通じて「自分の世界」をつくってほしいという想いで採用コンセプトとスローガン、採用フローを決め、役割分担まで落とし込んでいきました。

C社では採用ブランディング後、内定を出した人数が明らかに増えています。また狙い通り、地元から他県の大学に進学した人を採用できています。地元に戻りたいという学生の気持ちにヒットしたわけです。

さらに顕著な変化は、2016年に導入してから、海外の大学からの応募者が出てきたことです。「地元から世界に」というグローバルな活躍を奨励する想いが、見事に結果に結びついたことを物語っています。

採用ブランディングのワークショップをした当初、メンバーには「首都圏や関西圏に進学した人が、本当に地元に帰ってきたいと思うだろうか」という懸念がありました。しかし、採用ブランディングの効用を信じ、臆することなく自社の理念や強みを基軸にしたコンセプトを採用にぶつけた結果、理想に近い学生を採用することができたのです。

1週間で6000人のエントリーの奇跡

埼玉にある従業員50人の専門商社D社を採用ブランディングさせていただいたときの話です。D社は働く人の主体性を重んじる会社で、やる気のある人は早くから活躍できるのが特徴でした。とにかく社長との距離が近く、中期経営計画の策定を社員に任せるほど懐の深い社長。そこまで主体性を重視していることがD社の強みでした。

「主体性をとにかく重んじる」という強みから、コンセプトをつくり、採用スローガンは「あんたの商社」に決定。コンセプトにふさわしい採用フローを考えた結果、採用フローを自ら設計できるという形にしました。採用フローから主体性を発揮してもらおうという狙いです。

題して「あなたが選ぶ採用フロー」。

・説明会に参加
・飲み会に参加
・経営会議に参加

・社長のかばん持ち

自分が参加したい選考形態を、ここから選べるというものです。同時に行われる1次面接も、ＨＰに掲載されている先輩から、自分が面接してほしい人を選べるという形をつくりました。

同時にリクナビの特集記事にも出稿し、注目を集めました。その結果、1週間で6000人がエントリー。掲載初日、Ｄ社の採用担当の方から、「深澤さん、1日で5000人以上応募がきているのですが、どうしたらいいですか⁉」と、困惑の電話がかかってきたほど大成功の採用フローとなりました。

当時採用担当者は1名だったため、6000人のエントリー対応にアタフタ。社長は嬉しい悲鳴で、当初は1、2名採用できればいいと考えていたところを、その年は5名の採用を決めました。採用フローがしっかりコンセプトに紐づいていたので5名とも理想の人材でいまやエース社員として働いています。

理念共感採用は売上を伸ばす

2023年に当社が実施した850人のビジネスパーソンを対象にした調査により、企業理念の訴求・共感と活躍人材の関係性が明らかになりました。

「入社する社員が企業理念に共感していますか？」という質問に対し、16・2％が共感して入社する、38・5％がどちらかといえば共感して入社すると回答しています（図2－2）。

これらの回答を統計的に分析したところ、採用活動で企業理念を訴求することと、採用時の共感には正の相関関係（$\beta = 0.597$, $P < 0.05$）があることがわかりました。

また、「入社した社員は活躍していますか？」という調査には、33・3％が活躍している、44・5％がどちらかというと活躍していると回答しており（図2－3）、採用時の企業理念の訴求と活躍人材化には正の相関関係（$\beta = 0.343$, $P < 0.05$）が認められました。したがって、採用活動時に企業理念の訴求を行うことは、活躍人材化を促すことにもつながると言えます。

図2　企業理念の訴求・共感と、活躍人材の関係（対象：850人）

1. 企業理念を採用時に訴求していますか？（634人が回答）

訴求している	どちらかというと訴求している	どちらとも言えない	どちらかというと訴求していない	訴求していない
21.5%	39.6%	25.6%	6.0%	7.4%

2. 入社する社員は企業理念に共感していますか？（634人が回答）

共感して入社してくる	どちらかというと共感して入社してくる	どちらとも言えない	どちらかというと共感していない	共感していない
16.2%	38.5%	38.6%	4.7%	1.9%

3. 入社した社員は活躍していますか？（436人が回答）

活躍している	どちらかというと活躍している	どちらとも言えない	どちらかというと活躍していない	活躍していない
33.3%	44.5%	18.1%	2.1%	0.9%

※回答者436人のうち、1.1%が「わからない／そもそも企業理念を策定していない」と回答

むすび株式会社「あなた自身に関するアンケート」（2023年1月実施）より作成

つまり、企業が自分たちでコントロールできる「理念の訴求」を行うことで、必要な人材の採用に成功するだけではなく、人材の定着や活躍につながります。企業理念の共有を重要視する採用ブランディングを行うことは、採用や企業の組織形成において重要な起点となることを、これらの結果が物語っています。

さらに2021年に私たちが540人のビジネスパーソンに向けて実施した調査では、採用時に企業理念に共感していた人は働いている今も理念共感している確率が高いことが統計で明らかになっています。

入社時の理念共感は、働きやすさ（$\beta=0.14$, $P<0.01$）、会社のチーム力（$\beta=0.15$, $P<0.01$）、自身の生産性（$\beta=0.23$, $P<0.01$）、活躍イメージ（$\beta=0.18$, $P<0.01$）が持てるかどうかに直結しています。

ここで表されているβは標準化係数ベータといい、相関の度合いの高さを示しています。Pは0・05であれば95％の確率でこの事象が起きることが統計的に言えることが示されており、0・01であれば99％の確率でこの事象が起きることが統計的に言えます。

図３　インナーブランディングが業績を上げる７ステップ

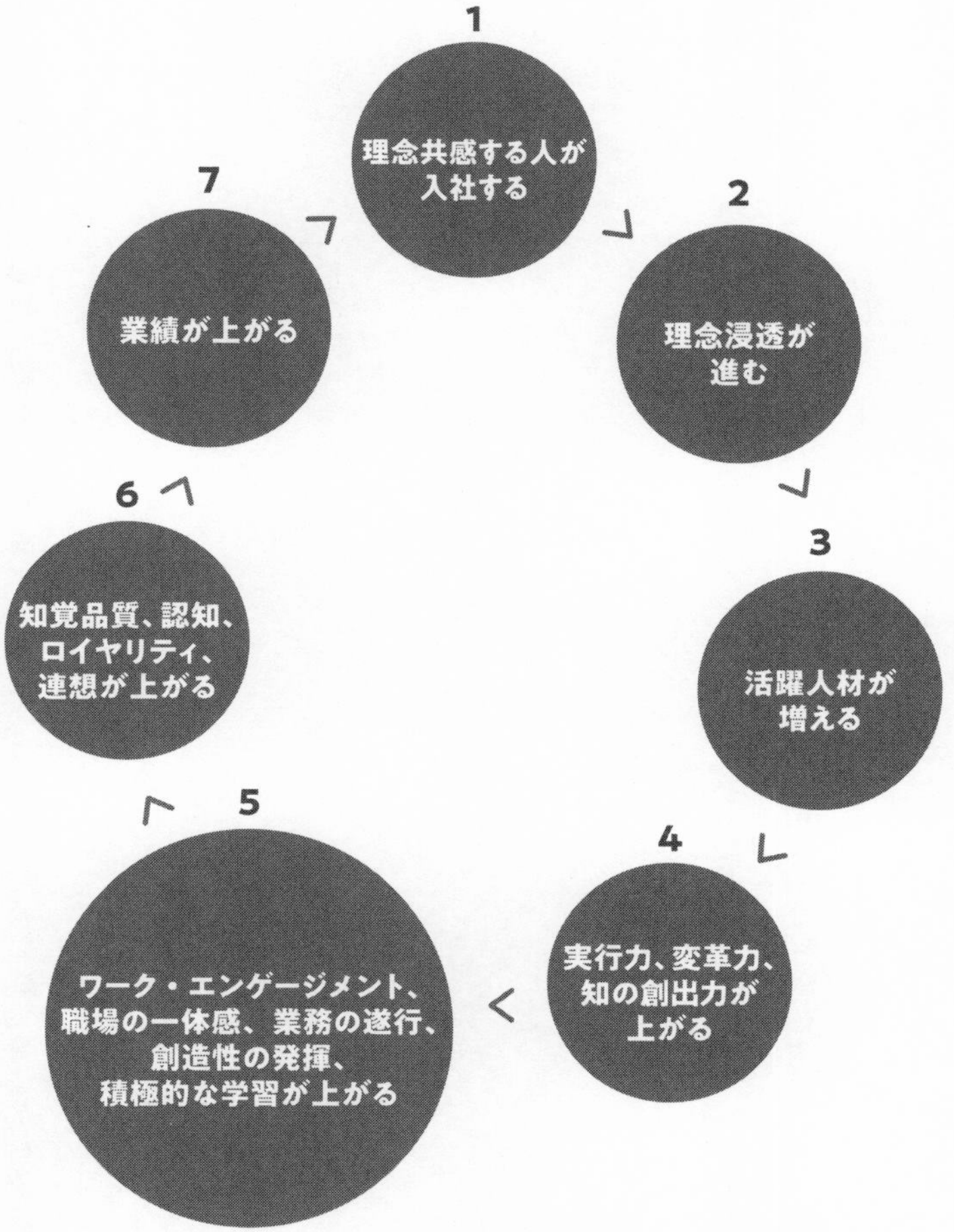

参考：リクルートマネジメントソリューションズ組織行動研究所（2010）／小林・江口・TOMH研究会（2014）

このことから、採用時に自社の理念に共感してもらうことで、会社内に多くの好影響をもたらすことが統計的に証明されています。自分が活躍している姿をイメージしやすいということは、活躍人材になりやすく、働きやすさや自身の生産性にプラスで影響し、会社のチーム力が上がるということなのです。

①理念共感する人が入社する
②理念浸透が進む
③活躍人材が増える

この流れで進むと、

④実行力、変革力、知の創出力（部門間の深いコミュニケーション）が上がる

となり、それまでより売上が伸び、業績アップの流れが起きます。ここからは仮説ですが、理念共感した人の入社は、新入社員個々の活躍の話に留まらず、④のさらに先、会社全体の意識変革をもたらして、より大きな業績の向上が見込めます。

社員の活躍によって、職場に活気が生まれます。すると、

⑤ワーク・エンゲージメント、職場の一体感、業務の遂行、創造性の発揮、積極的な学習が上がる

そのような状態へと社内全体が変化していきます。会社全体に覇気が生まれ、生産性が高まることで今のブランド論を形づくったデービッド・アーカーが提唱したブランド・エクイティの4要素とされる、

⑥知覚品質、認知、ロイヤリティ、連想が上がる

そして社会への影響力も高まり、結果として、

⑦業績が上がる

という循環が生まれます。

採用ブランディングを取り入れてくださったG社は、当時売上10億円、投じた採用費は数千万にものぼり、それでも思うような人材を得ることができず、費用対効果は非常に悪い状況でした。それが会社をあげて採用ブランディングに取り組んでくださったあとは、費用は削減され、優秀な人材確保に成功し、売上は90億円規模へと躍進を遂げています。

この例をブランド論として説明すれば、採用ブランディングの実践により、企業全体のブランド、つまり最終的には売上に寄与したといえます。

これまでのブランド論では、「企業ブランド」と「商品・サービスブランド」という分類がありました。ここに「採用ブランド」という新たな概念を用いることで、本書の画期的で実践的な内容ができあがっています。プロモーションなどとは違い、採用は規模に関係なく、成長したいと思う企業はすぐに実行できます。採用時点からブランディングを行うことで、商品・サービスのブランディングにもつながり、やがて企業全体のブランディングにつながるという考え方です。

採用ブランディングでは、自社の理念はもちろん、自社商品・サービスの考え方も深く伝えることができます。そのためファンを増やし、売上にも直結する可能性のある方法論です。ブランディングの入り口を採用にすることで、理念共感した未来の活躍人材を採用し、彼らが売上や利益に寄与する働きをすることで、商品や企業ブランドに貢献する循環をつくることが可能です。つまり、企業を効率よく、本質的に成長させることができます。

今後も採用ブランディング導入企業の売上結果と、そこに至る過程を追跡し、統計を取りながら精度を高めていきたいと思います。

第2章

自社の価値をコンセプト化すると採用はうまくいく

採用ブランディングで施策に一貫性を生む

採用ブランディングの上に各種施策を構築する

「採用ブランディング」とは、採用市場という限定された環境で、理念を土台としたコンセプトを中心に、一貫性のある施策を行っていくことを意味しています。未来の活躍人材を獲得するために行われる「採用ブランディング」は、「採用市場におけるファンづくり」にほかなりません。

ブランディングが「売れ続ける仕組みづくり」を意味するように、ブランディングと名の付くものは「継続性」がなくてはなりません。採用ブランディングは、「ファンをつくり続ける仕組みづくり」でなければならないのです。

採用においてファンをつくる手法には、ナビ媒体掲載、ホームページ、パンフレット、ワー

図4　採用ブランディングの上に各施策を構築する

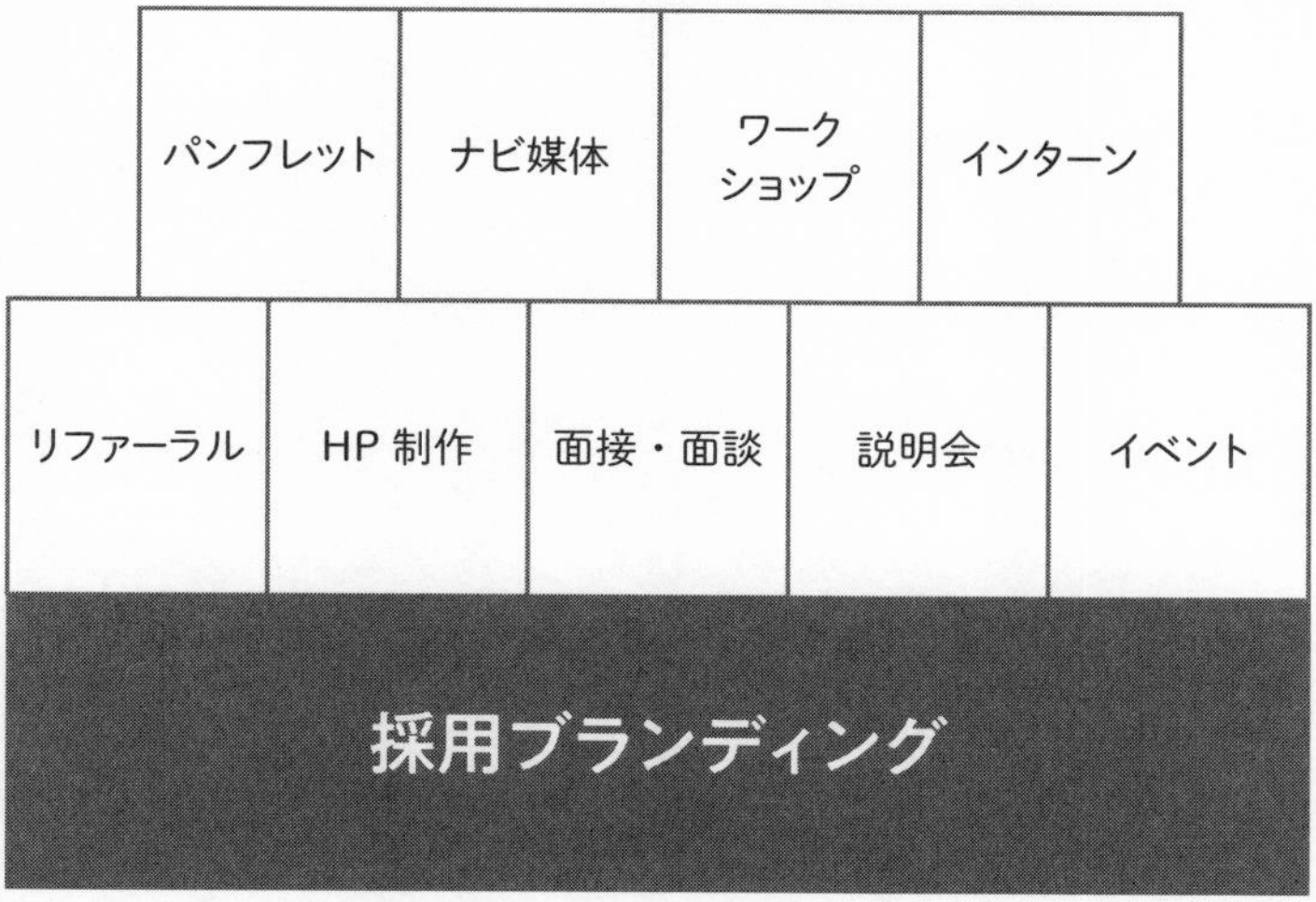

クショップ、面談など、多くの施策がありますが、個々の施策を単体として質のよいものにしても採用で勝ち抜くことはできません。

しかし、多くの企業はこれら採用フローの施策を、イベント、パンフレット、面談などの単体として考え、単一的な形にする、こなすことで精一杯なのが現状です。

これでは、いくら費用と労力をかけても人は採れません。

勝利をもたらすのは常に「一貫性」です。強い理念を踏まえたコンセプトを柱にした一貫性が、採用フローにおけるすべての施策にあるか。ここが勝負の分かれ目です。一貫性があることで、ブレない行動の連鎖がおこります。ホームページ制作、説明会、面談など、どの施策に触れても一貫したイメージを求職者が受け取れれば、強力なブランドイメージを形成することにつながるのです。すべての施策は採用ブランディングという土台の上に成り立たなければなりません。理念ありきで一気通貫、共感を生む施策の構築。採用ブランディングの概念で全体像をとらえれば、採用は驚くほど効率的に、ファンの獲得、人材獲得へとつながるのです。

採用ブランディングには社内の縦と横の一貫性が必須

応募者に理念が一貫して伝わっていくには、会社の中に一貫性がなければなりません。一貫性には「縦の一貫性」と「横の一貫性」２つの方向があります。

経営とは「理念」があり、それを基に「戦略」が生まれ、「現場」で体現されていくピラミッドの形です。頂点にある理念が川下の現場まできちんと浸透している、つまり縦の一貫性がある企業こそ成長できる、とさまざまな書籍で言及されています。ですから、入口の採用の時点で理念に共感している人を入社させることができれば、すでに素地を持っ

図５　経営のピラミッド

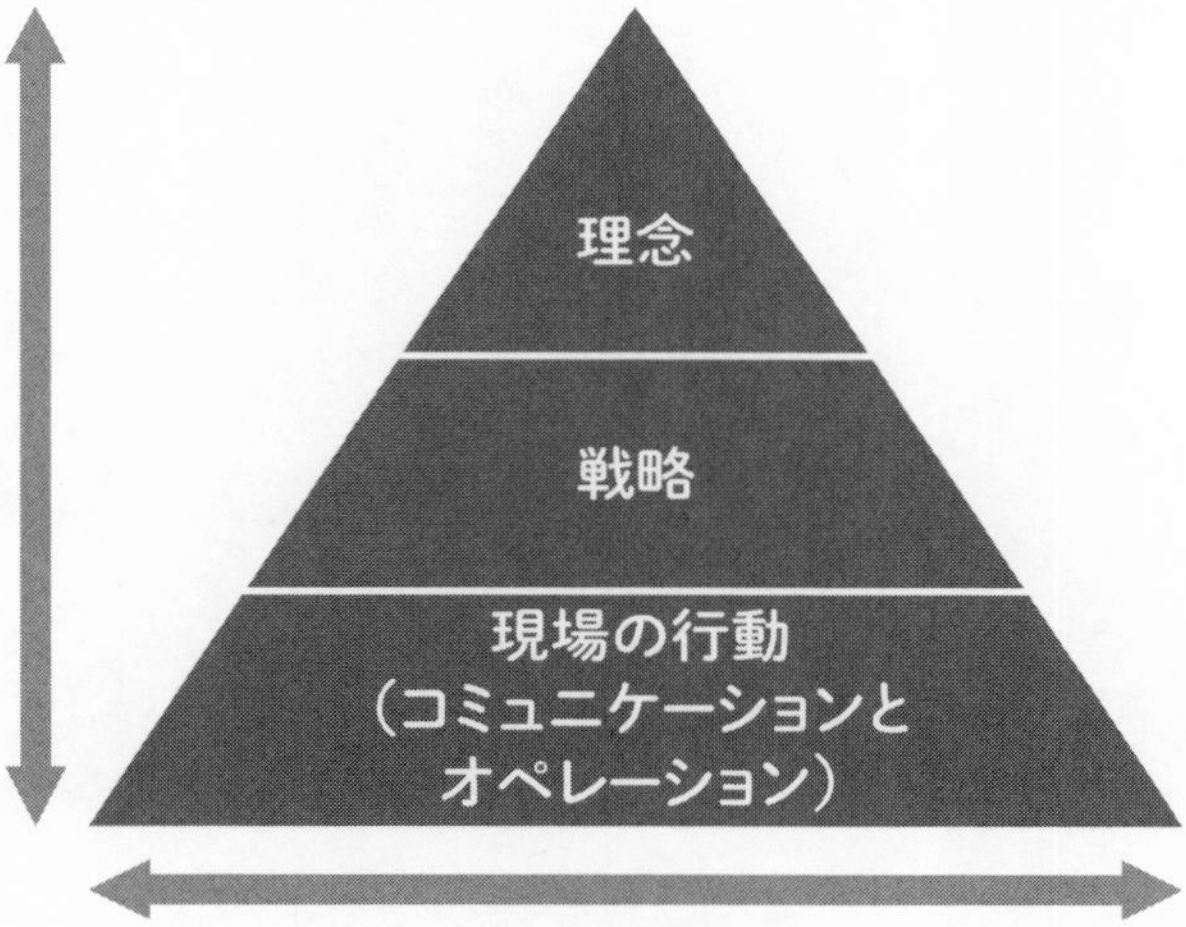

ているため、入社後の教育がしやすく、現場から理念を実現していくことが容易になります。つまり「縦の一貫性」が生まれやすくなるのです。単純なことなのですが、多くの企業が実践できていません。

そして見落とされがちなのが「横の一貫性」です。これは、現場の部署間や従業員同士でコミュニケーションがとれ、同じ目的を共有し訴求できる状態を指します。それぞれの部署が好き勝手に動いていれば、当然一貫性は生まれません。

採用ブランディングだけでなく、ブ

ランディング全般に言えることですが、私はこの「横の一貫性」が非常に重要だと考えています。受け手にとっては、見たものや聞いたこと、接する現場での印象がそのまま企業のイメージとなるため、現場が「横の一貫性」を持ってコンセプトを伝えていかなければ、いつまでたってもイメージが脳内で形成されず、ブランドの価値は向上しません。採用メンバーの言動やツールの一貫性が要となります。

「横の一貫性」なくして採用ブランディングとは言えません。全社員が自社の強みを異口同音に語れてこそ、採用市場で確実な効果が出せるのです。

採用ブランディングの4つの効果

Googleで「採用ブランディング」を検索すると、約１２００万件ヒットします。採用ブランディングは、ＨＲ（採用・人事）の世界では今や当たり前の言葉になっています。「ホームページブランディングで差別化を図りましょう」「映像ブランディングで採用を成功させます」とブランディングを売りにした媒体も多く見かけるようになりました。でもこの言葉は、正しい理解で使われていません。

ホームページや映像は、あくまでも採用ブランディングを成功させるための一要素です。言葉が正しく理解されないまま、少しでも差別化を図ろうと、採用市場で優位に立てる方法として「採用ブランディング」が使用されていることに、危機感を抱いています。

ひとつの施策だけを指していわれるブランディングは、そもそもブランディングの本質的な意味を理解しているとは言えず、まして効果を出すことなどできません。本物のブランディングには、仕組みにも効果にも「継続性」があるのです。今年も、来年も、年を経て採用回数を重ねるごとに高まる効果を実感できるものこそ真の採用ブランディングです。「全施策が理念を土台にしたコンセプトで一気通貫していること（縦の一貫性）」と「社内に横の一貫性の土壌があること」は、採用ブランディングの大前提です。この2つが理解されずに使用されている「採用ブランディング」は本物ではなく、施策ひとつを取り上げるブランディングという言葉には注意が必要です。

通常、ブランディングを行うと、目に見える結果が出るまでには半年～数年かかります。企業ブランドが浸透し、実際の購買行動にまで効果が出るにはどうしても時間がかかってしまうのです。こうした既存のブランディングへの認識を覆したのが採用ブランディングです。

採用ブランディングの意味を正しく理解し、社内一丸となって実直に遂行すれば、確実な効果が約束されます。真の採用ブランディングだけが、次に挙げる4つの効果を出すことができるのです。

①即時性

採用ブランディングを始めると、ほぼ例外なく、数カ月で結果が出てしまいます。「何年やっても採用できなかったのに、たった2カ月で決まるなんて」など、奇跡ともとれるほど短期間で確実な効果をもたらします。中途採用の場合であれば、わずか2週間ほどで成果が得られることもあります。

「ほぼ例外なく」と申し上げたのは、採用ブランディングの法則に基づいて決めた「採用フロー」を忠実に実行できれば、という条件があるからです。着実に行えば、効果は即表れます。着実に行う実行方法については、第4章の21の法則をご覧ください。

②明確性（質的向上）

これも採用ブランディングならではの強みです。通常のブランディングでは無数にわたる施策が考えられるため、施策ごとの結果は見えても、それが本当にブランディングを行ったことによる効果かわかりにくいのです。

その点、採用というのは市場が限定されていて、応募者とのコミュニケーションが取れるので、採用数や理念共感度などを把握することができます。また、応募者のプロフィールの志望動機などから、自分たちの会社を理解してくれている人の応募が増えたという、質的向上が手に取るようにわかります。採用ブランディングを実施した年と実施していない年で結果を比較できるため、効果に明確性があるのです。

③ジャイアント・キリング

ジャイアント・キリングとはサッカーやラグビーで使われる言葉で、弱いチームが強いチームに勝つ「番狂わせ」を意味します。採用でいうと、無名の小さな企業が超大手企業と採用競合になり、その大手企業の内定を辞退して自社への入社を決める人が現れるようになることです。

採用に失敗し続けて自信を喪失している企業からすると信じられない話ですが、ジャイアント・キリングが本当に起こるのを何度となく見てきました。採用ブランディングを実施すると、自社が魅力的に訴求できるようになり、競争力が上がるので、大手と競合することが増えるのです。

例えば、小さい不動産会社でも「三井不動産から内定をいただいています」という人が受けに来る。そのようなことが普通に起こるのです。このような事例をお話しすると、採用に苦戦してきた企業は、「どうせうちには来てくれないよ」「その会社さんだからできたんでしょ」と言われるのですが、ジャイアント・キリングはたまたまでは起こりません。

一気通貫で理念の発信を始めたからこそ、応募者の数や質が変わるのです。これは採用ブランディングで携わった企業すべてに当てはまります。「大手と競合しても自信を持って理念を伝えれば、御社へ来る可能性は十分にありますよ」と、お伝えしています。

④予算削減効果

ナビ媒体掲載料、イベント出演料、採用ホームページやパンフレットの制作料、説明会や面談会の開催費、企業によっては採用成功のためのセミナー参加料、採用コンサルなどのアウトソーシング費用、内定者辞退抑制のためのフォロー費……などなど。企業の規模や認知度、担当者の人数で異なりますが、採用には多くの予算がかかります。

ナビ媒体を使用しない企業が増えてきたとはいえ、多くの企業はいまだにナビ媒体への掲載を行っています。掲載費は情報量と表示順位によって異なりますが、1カ月20万円から200万円ほどでしょう。

多くの企業の掲載内容は給与・休日訴求などだけで、理念の軸を持たない求人原稿のため、誰にも届かない言葉の羅列になってしまっています。差別化できていない掲載内容で人が集まるはずはなく、これでは毎月何十万円、何百万円ものお金を捨てているのと同じです。採用に費用をかけられる体力のある企業ならば、それでもこの手法で人が来るまで継続できるでしょう。従来の採用方法で成功できるのは、もはや大企業だけなのです。

少子化・人材不足で採用が難しくなっている今、採用にかかる多額の予算が企業経営を圧迫しているのが現状です。「2023年卒マイナビ企業新卒内定状況調査」によると、この年の「新卒採用における採用費の総額」は平均で287万円。入社予定人数で割った「1人採用するのにかかった採用費」は平均で56・8万円。年々採用単価は上昇しています。

採用にかかる予算は多岐にわたりますが、ナビ媒体の掲載費が約100万円、イベント参加が1回40万円、新卒紹介で100万円とすると、4人採用（新卒紹介利用は1人）できたとして、採用単価は100万円＋40万円＋100万円÷4＝60万円。この時点ですでに平均単価を上回っています。そして、これだけの施策で4人採用できるほど甘くはありません。

予算の限られた多くの企業は、従来の採用方法を踏襲するだけでは、状況はどんどん悪くなる一方です。そのような企業にこそ、予算削減の効果を発揮する採用ブランディングが必要となるでしょう。

採用ブランディングは予算を大きく削減できる

では、なぜ採用ブランディングで予算削減ができるのか。その理由は次の３つです。

①新卒・中途の採用を別発注しなくていい

採用の現場では、新卒採用と中途採用を分けて考えているところも多くあります。それぞれの採用活動を別々で進めると、新卒にはこの媒体、このエージェント、このイベント、中途ならあちらに……と、一貫性のない施策が並ぶこととなり、その分予算が分かれてかかってくるため、１人当たりの採用予算は高まります。

採用ブランディングでは、企業理念を含んだコンセプトを軸にして、すべての採用フローを考えていくので、自社にとって本当に必要な施策が明確になり、あれもこれもと行っていた施策をそぎ落としていくことができるのです。一貫性を持ったシンプルな流れにまとまるため、結果、予算削減につながります。

②やみくもに採用イベントに参加しなくていい

採用基準、理想のペルソナを決めることで、自社が求める人材が明確になります。たくさんの人が集まるイベントだから参加を決める企業は多くありますが、ターゲットが明確になることで、そのような理由でのイベント参加は不要になります。ターゲットが研究に専念していた人物像なら、そのような人が集まるイベントへ、体育会系なら、体育会系の人が多くいそうなイベントへと、参加するイベントを厳選できるようになります。

イベント参加は1回約40万~100万円以上。とりあえず参加して、いい人がいないか探すというやり方では大海の底から針を探すようなもの。ターゲットを明確にし、目星をつけたイベントを選んで取りにいく方向へチェンジすることで、予算削減、費用対効果を高められます。

イベントに出るのは自社説明会への動員が目的ですから、ターゲットが明確であれば、エージェントに依頼するのもひとつの方法です。企業にもよりますが、1人動員するにあたり1万5000円ほどの予算だとすると、20人集めても30万円。イベント参加よりはるかに費用を抑えられます。

エージェントが想像できるくらい、ターゲット像が明確になっていれば、採用につながる可能性が高い人を集めてもらえます。イベントに1回参加しただけで自社説明会へ20人呼ぶことはまず難しいので、費用対効果のよい手法です。また、中途採用だと直接、面接候補者を紹介され、自分たちの強みや決めたターゲットをしっかりと共有するだけで、格段に紹介精度が上がります。つまり、労力の削減にもつながるのです。

③リファーラル採用が増えていく

採用ブランディングによって理念浸透がなされた状態で入社する社員は、高い志と意欲、希望を持って働くことができるため、活躍人材となりやすいことが調査によって確認されています。後輩や知人がその人を見て、「こんなに活き活きと仕事ができる会社なら、自分も入りたい」とリファーラルが起こるのが採用ブランディングの特徴です。

リファーラルは最も効率のよい採用方法です。10人募集して、3人がリファーラルで採用決定すれば、実質、予算をかけて採用するのは7人。3人分の費用が浮くわけです。採用ブランディングを始めた年と同じ募集人数、ペルソナの質も同じだとすると、リファーラルにより予算削減ができます。

採用ブランディングは確実な効果を生む

にわか採用ブランディングは注意！

『採用ブランディング』（幻冬舎）を上梓した２０１８年には、「採用ブランディング」という言葉が聞かれることはありませんでしたが、現在では多くの企業が使うようになり、「我こそが採用ブランディング」という企業が増えています。粗悪品とは言いませんが、「それって、本当に採用ブランディング？」というサービスも出回っています。

例えば、

・制作会社がブランディングを打ち出しているが、結局ＨＰやパンフレットなどツールの話に終始している。

・採用系の代理店がブランディングを掲げているが、結局プロモーションの話だけ。

そのようなことが多いのです。採用ブランディングとは、ツールやプロモーションだけの話ではありません。

広報活動、選考、内定者フォローと大きな採用の流れは、すべて理念からつくられるコンセプトを基軸に構成されるべきものです。各採用活動の段階で、「どんなツールが必要か」「どんなプロモーションで行うのか」「誰がいつするのか」まで落とし込み、採用フロー全体がコンセプトを土台にして成り立ってはじめて、採用ブランディングと言えるのです。

徹底的に掘り下げられた理念を基軸とした採用は、すべてのフローがその企業独自のものとなります。応募者はフローに参加するだけで企業の独自性に触れられるのです。これこそが、採用ブランディングの真骨頂であり、本質です。

〝にわか採用ブランディング〟だと私が思うのは、「理念」が完全に欠けていて、ツールやプロモーションだけの小手先の話になっているからです。利用者が増えれば差別化は図れなくなり、「また次の手を」と、新たな手法を求め続けることになってしまいます。うわべだけの手法に留まり、差別化できるのは一時的なものになってしまうのです。にわか採用ブランディングには十分ご注意ください。

結果が出るのは公式に則るから

では、本物の採用ブランディングはどう見分ければいいか。その真偽を見抜く簡単な公式があります。これまでのブランドの理論を読み解き、私が式として表現したものです。

B＝（b×c）v

B＝BRANDING　BUILDING（ブランド構築）
b＝behavior（従業員の行動）
c＝communication（パンフレットやウェブサイト、プロモーションなどの非人的部分）
v＝vision（理念・価値観）

にわかと判断できるのは、効果的な話し方や行動など、b（従業員の行動）だけの変容を指している場合や、「今の時代は、動画ですよ」「デザインのクオリティを高くしてブランディングしましょう」「採用プロモーション（マーケティング）が重要です」などと言って、c（プロモーション）の、しかも各論部分だけを語っているものです。

v（理念）がないのはもってのほか。それは結局、自社の決定的な差別化要因で戦うことにならず、ブランディングにはなりません。

採用活動における従業員のみなさんの行動と、採用ツールを主にした採用コミュニケーション、そこには必ず理念を伴った採用コンセプトが貫かれている。b、c、vどれも欠けることなく公式が満たされれば、確実な効果が出ます。

例えば、ターゲットと接触時間を長くするのは、bの数値を高めることになります。口説く時間が長いほど自社の魅力を伝えられることになり、採用成功に近づきます。パンフレットや採用HPをつくりツールを増やすこと、またそのクオリティを上げることはcの数値を上げるため、全体の数値Bが高まり、採用成功につながります。

自社の現状を公式に当てはめてみると、「b（従業員の行動）をブラッシュアップして採用力を上げよう」「c（プロモーション）に時間もお金もかけすぎていたな」「v（理念）が明確になっていないな」のように、どこが欠けているのか、どこを強化したらいいかが見えてきます。

中小企業は従業員の行動がカギになる

イメージの一貫性を保つ工夫がされているテレビCMは、ブランド構築を一気に促進します。大企業、有名企業は予算を用意できるのでこれが可能でしょう。しかし同時に公式が示すのは、いくらcを高めても、現場の従業員の行動が不快感を与えるなど、打ち出しているイメージとかけ離れたものだと、ブランド価値は瞬く間に失墜するということです。それは、そこに一貫性がないからです。公式は掛け算なのでどこかがマイナスになれば全体がマイナスになってしまいます。

逆にいえば、cを高める体力がない企業でも、bに注力すればブランド構築できるということです。採用に予算をかけられない企業にとって、採用ブランディングは追い風となります。

「採用活動を有利に進められるのは、予算に余裕のある企業だけ」と思われがちですが、これは誤解であることがわかっていただけたでしょうか。どれだけ資金を投じて広告を打っても、イベントを行っても、採用に関わる従業員の対応が悪ければ、採用活動は成功しません。

理念・価値観に基づいて一貫性を保ち、従業員が認知度やブランド連想に寄与している重要性を理解することが必要です。予算がなくても、自分たちはどこの数値を高められるかを考えて、全体的にプラスになるような活動ができれば、大手企業と対当に戦うこともできるのです。

また、採用は面接や面談など、個別の接点が多いので、ｂの比重が高くなる傾向があります。さらに予算に関しては、プロモーションほど企業差が開かないため、なおさらｃよりもｂの重要度が高まります。事実、ｂに力を注ぐことで、採用市場で有利に戦いを進めている中小企業はたくさんあります。

57ページで言及した採用ブランディングの４つの効果も、採用数や採用したい人の質によりますが、ｂに力を注ぐことで十分な効果を得られます。

第3章

共感を重視すると優れた人材を採用できる

採用のレッドオーシャンからブルーオーシャンへ

中小企業は母集団至上主義では勝てない

望む人材を採用するには、「たくさんの人を集めること」だという発想があります。とにかく多くの母集団を集めることが採用成功の秘けつだと考えて、担当者の意識は「集める」ことに向かいます。たしかに、母集団が大きいほど、それだけ望む人材が見つかるように思えます。「リクナビ」「マイナビ」をはじめとする採用メディアが誕生してからは、母集団を集めるのも容易になったため、たくさんの人を集めてこそ、採用がスタートするという概念の定着を加速させました。

採用メディアが誕生するまで、各企業は自分たちで人材を集めなければならず、大変な労力を要していました。ですから、その部分を担ってくれる採用メディアというのは画期的な発明、採用のイノベーションだったわけです。

「まずはメディア掲載で母集団を集めること」が通例となっている状況下で、ほとんどの企業がこの手法をとっています。しかし、掲載ページや情報量を増やそうとしても、体力のある大手企業や有名企業に中小企業が勝てる見込みはありません。

中小企業にとって、いつまでも熾烈な母集団至上主義で戦うことは得策ではありません。また、応募が集まるからといった理由でやみくもに募集を開始しても、ミスマッチを助長するだけで、すぐに辞められては予算と採用活動の時間の無駄になってしまいます。これは費用対効果から考えても限界があります。だからこそ、いち早く根底にある母集団至上主義から脱する必要があるのです。

熾烈なレッドオーシャンの争いから抜け出して、オンリーワンの企業として選ばれる採用のブルーオーシャンへと舵を切り替えましょう。その秘けつは理念で差別化を図ること。舵取りを担うのが採用ブランディングなのです。

母集団至上主義から抜けきれないワケ

「数打ちゃ当たる」「とにかく集めろ」——猫も杓子も母集団至上主義の流れから抜けきれない原因は、ナビ媒体が採用のスタンダードになってきた中で、「予算をいくら投入すれば、○人の母集団を集められ、○人採用できる」という図式が固定概念となってしまったのがひとつ。もうひとつは、人事担当者への評価に問題があります。

神戸大学大学院教授・服部泰宏氏の『採用学』（新潮社）によると、採用担当者は採用数だけで評価され、定着や活躍までは評価の対象になっていません。採用担当者は「何人集められたか」「何人採用できたか」という点で評価されてしまうため、採用途中に離脱者がいても、入社後に辞める人がいても、とにかく採用時に人数が満たされていればいいと考えがちです。結局、たくさんの応募者がいれば採用が決まると考え、数字だけを追いかけてしまうのです。

採用した人が定着しているか、活躍している人材であったかなどを評価する仕組みはほとんどの企業にありませんから、数打ちゃあたるの発想で、即効性のある施策に走ってしまうわけです。しかし採用は、理念に共感する同志を集めること、将来の活躍人材を見つけるための場です。こうした本質を見つめると、母集団で大切なのはその質であって、数ではないことがわかります。

たとえ少ない人数しか集まらなくても、企業理念に惹かれた人が集まってくれたら、採用できる可能性は高まり、理念に共感して採用できた人は活躍人材となる可能性も高いのです。採用できてもすぐに辞めてしまったら採用成功とは言えません。採用人数ではなく、本来は採用した人がエースになった人数、この数字こそが評価されるべきなのです。

採用担当者の意識を変えるには、まずは経営者が母集団至上主義から脱却し、数値評価をやめることです。やみくもに数を集めることが自社の理念や価値観に合った人に出会うことにつながるとは限らないので、結果として将来の活躍人材に結び付かないことも少なくありません。費用対効果や採用後の定着という文脈で考えれば、母集団至上主義は非効率そのものなのです。

母集団至上主義では欲しい人材は採りにくい

母集団至上主義の決定的な弱点は、望む人材を獲得できるとは限らないという点にあります。不特定多数の人をとにかくたくさん集めようという発想では、望むような応募者が来てくれるとは限らず、実は非常に効率が悪いのです。

確かにたくさんの人が集まれば、それだけ求める人材に出会える確率は高まるかもしれません。ただし、人数が多ければ多いほど、選考に手間と時間、そしてお金がかかります。究極的には、応募者がどんなに少なくても、応募者の母集団＝採用人数であればいいのです。「今年は20人採用したい」という企業に、20人の応募があり、20人全員が求める人材で20人とも内定承諾、採用が決まった！ であればいいわけです。費用も手間も最小限、理想の採用です。

採用ブランディングではターゲットを明確にし、質の高い応募者が集まることで、たとえ母集団が小さくなっても採用できる可能性は高くなります。1000社以上の採用に関わってきた実績を踏まえ、母集団至上主義をやめても確実に効果を出せることをお話ししても、「いやいや、たくさんの人が集まらなくては採用になるはずがない」と、一歩踏み出すことを恐れる経営者の方はたくさんいます。

実際には、質の向上に向けてターゲットを明確化する採用ブランディングに切り替えても、母集団の数は減らず、むしろ増えるという結果が私たちのデータとして出ているのですが、一度慣れてしまった母集団至上主義から抜け出すことは容易ではありません。母集団至上主義にとらわれて、その弱点が見えなくなっていては、効率的な採用からかけ離れていくばかりです。

３年以内の離職率３割は採用から始まっている

厚生労働省の資料によると、大学を卒業して就職した新卒社員のうち、3年以内に仕事を辞めてしまう人は、この30年間を見ると3割前後で推移しています。

「ゆとり世代で育った人は我慢ができないから」と若い世代を嘆くのは大人の常套句。しかし、入社3年で3割辞めるのは、ゆとり世代ではない30年前からほとんど変わらない傾向なのです。仕事を辞めた理由を見てみると、1位「労働時間・休日・休暇の条件」、2位「人間関係」、3位「仕事内容が合わなかった」です。一方、当社が２０１６年に内定者２００人に調査したところ、「就職したい会社を選ぶときに何を重視しましたか」という質問に、回答が多かった項目が1位「業務内容」、2位「勤務時間・所在地」、3位「会社の雰囲気」となりました。驚くことに、1~3位の内容が退職理由とほぼ一致していま

図6　仕事を辞めた理由（全体）

			1年未満	1〜3年未満	3年以上
1位	労働時間・休日・休暇の条件	29.2%	2位	1位	1位
2位	人間関係	22.7%	3位	2位	5位
3位	仕事内容が合わない	21.8%	1位	3位	6位
4位	給料	18.4%	5位	4位	3位
5位	ノルマ・責任が重い	15.8%	4位	5位	7位
6位	会社の将来性	14.3%	7位	6位	4位
7位	結婚・子育て	12.6%	10位	9位	2位
8位	健康上の理由	11.4%	6位	7位	8位
9位	自分の能力が活かせない	8.6%	8位	8位	9位
10位	倒産、リストラ、希望退職	5.2%	9位	10位	10位

※複数回答可

労働政策研究・研修機構「若年者のキャリアと企業による雇用管理の現状」より作成

す。つまり、就職するときに重視する項目は、退職の理由にもなっているのです。このような選社軸を問う調査は、さまざまな企業が行っていますが、ほぼ同じような結果になっています。

そう考えると、こんな仮説が採用市場に成り立ちます。企業はこのような調査を重視し、採用広報で上位の3点を訴求。そこに惹かれた人たちが入社するが、ほぼ同じ理由で退職していく。母集団至上主義が、なんと意味のない、茶番採用を引き起こすのか、おわかりいただけるでしょうか。

採用ブランディングの考え方からすると、上位3位までの理由が辞める原因であるのは、採用が本来の役割をまったく果たしていないことを物語っています。採用自体が理念共感への教育という位置づけで行うことで、理念共感のもとに集まった同志を採用することが本質的な採用のあり方です。

採用ブランディングで採用した場合、理念や価値観に共感しているので、辞めにくく、活躍しやすい人材が採用できるという利点があります。労働時間や休暇の条件、給与などのスペックで勝負していないので、もっと給与や条件のいい会社に転職したい、という人の採用を抑えることができます。

まして、「仕事内容が合わない」「責任が重い」「自分の能力が活かせない」は、会社の理念をしっかり伝え、活躍人材として期待された人を採るという、丁寧な採用がなされていれば本来はあり得ない理由です。

30年も前から、離職率やその理由が変わらないのは、「採用できた人数」だけが評価の対象とされ、それを達成するために母集団至上主義の採用が延々となされてきたことを表しています。

・採用したけど、「自社の求める活躍人材でなかった」と困る企業
・能力がある人を採用できたと喜んだのもつかの間、「望む会社でなかった」と退職して

いく社員

・内定者20人を出しても承諾は４人。そもそも採用が確定する前に離脱していく状況

このようなミスマッチの連続は、単純な母集団至上主義の弱点を浮き彫りにしています。

ですから、３年以内の離職率３割は採用から始まっていると言えるのです。

「人数集め」から「共感重視」の採用へ

１０００人集めて10人しか採用できないよりも、確実なターゲットにアプローチして質の高い人材を10人集めて全員が内定承諾という採用ができたら、こんなに効率のよいことはありません。

人を集めることばかりに意識を向けて、１０００人集められたと喜び安堵しても、「ちょっと目に付いたからエントリーしました」「とくに興味はないけど来てみました」という人ばかりであれば、そこから採用するには10人ですら難しいかもしれません。

「とにかく人をたくさん集めよう」「そこからふるいにかければいい」といった発想は、時間、お金、労力などのコストがかかるという効率の悪さを生み、結果として不作に終わ

りかねません。雑多な集団の中から、理念に共感してくれて、将来活躍人材となる人を見つけるのは奇跡です。母集団至上主義は運に任せるといった不安定な手法なのです。

どれだけ人が集まったかではなく、最終的にどれだけよい人材を採用できたか――企業にとって大切なのはここのはずです。従来の媒体一辺倒で大量の人を集める採用から、自社の理念に共感してくれる人を集めるという理念共感採用に切りかえることが大切です。

従来の採用の流れは、

①人を集める
②選考過程に参加してもらう
③内定承諾を得る

という順番なので、多くの企業は、この流れに沿って対策を講じています。

とにかくパイが大きくなければ採用につながらないので、「①人を集める」ことが最優先でした。ところが、質のよい人を効率よく採用できる理念共感採用の観点で見てみると、優先順位は次のようにまったく逆なのです。

①内定承諾を得られるための心を掴むフォローとは？
②採用活動の段階ごとに応募者の共感を上げていくには？

③ターゲットのいる場所は？

「応募者を理念共感マックスの状態にして入社してもらう」――これが採用活動のゴールです。ゴールにたどり着くには、ゴールから逆算して策を練ることです。

ですから意識は「内定承諾 ＞ 選考過程に参加してもらう ＞ 人を集める」の順に向けられるべきです。採用対策は川上から川下へ、「内定承諾」→「採用活動への参加」→「人を集める」の順に構築することが大切です。

質の高い母集団形成は理念を源泉に生まれる

実際の採用現場では学歴やスキル、過去の活動を総合的に判断して選考が行われていきます。学歴がなぜ重視されるのかといえば、母集団が集まる企業では、そのほうが効率的だからです。学歴の高い人材のほうが、優秀な人の含有率が高いと思われているのです。

もちろん現場の採用担当者は学歴がすべてだとは思っていませんが、学歴の高い人を集めたほうが、優秀な人材を獲得する確率が上がると考えられているためです。

しかし、自社の理念に共感していなければ、いくら高学歴でも結果的にミスマッチになりかねず、活躍人材にはならない可能性が高いのです。

理念が深掘りされ、応募者へ届くほどコンセプトが明確になっている企業はごく稀です。例えば、理念を土台につくられるコンセプトが「未来を創造する」のように抽象的で、どこにでもあって何を言いたいのかまったくわからないということが多いのです。応募者が最初に企業を知るコンセプトが理念を含んでいなければ、その企業にとって本当に必要な人材が集まる、質の高い母集団を集めることは極めて難しくなります。スペック重視で結果ミスマッチ、採用は不毛な労働になるという悪循環が起こってしまうのです。

「質が高い」は「共感度が高い」ということです。そのような母集団を形成するには、数字重視の母集団至上主義からさっさと離れ、理念共感採用すなわちコンセプトに紐づく採用フローを構築すべきなのです。内定承諾→フォロー→選考構成→母集団形成という順番で考えていくとよいでしょう。

応募者がたどるすべての行程が理念へ通じる道として整備されていることで、採用フローを経るごとに、理念への理解が深まっていきます。会社にとっても、応募者にとっても理想の採用となるわけです。

企業側が偉いという姿勢をやめる

一方的でなくお互いが選ぶ採用へ

従来の採用には企業が応募者を選ぶという企業目線の発想がありました。母集団至上主義にも、たくさんの応募者を集め、その中から自社が望む人材を選べばいいという考え方がありました。

コロナ禍のときは一時的に採用しやすい状況もありましたが、コロナ禍以降、企業は採用数を増やしています。さらに大手志向の拍車も相まって、中小企業にとっては圧倒的な売り手市場になっています。そしてこれからもその状況は変わらないどころか、どんどん採用難になっていくと予想できます。

これまでは景気に左右され、企業か応募者か、どちらかが一方を選ぶという採用が行われてきました。採用ブランディングはこうした「一方的に選び選ばれる」採用に終止符を打つ採用方法です。

応募者は企業が掲げる理念・価値観が自分の働く価値観と共鳴する場合に応募し、企業は集まってくれた応募者から、より共鳴でき、活躍してくれると見込んだ人を選ぶ。理念共有を基軸に、「お互いに選び選ばれる」採用活動です。

こうした理念共感採用への理解ができていると、採用途中で離脱する人がいたとしても、「採用ができない」と落ち込むことがなくなります。理念に共感しない人が来てしまったのだと考えて、前述したように「内定承諾」「採用活動への参加」「人を集める」の意識と方向性でやり方を改善すればいいのです。

企業側が「選ばれる状態」をつくる

応募者と企業は、選び選ばれる対等な関係ですが、企業は「選ぶ」などという上から目線は手放して、「選ばれる」存在であればいいのです。自社の理念と価値観をしっかり掲げ、そこに共感、共鳴してくれるターゲットをはっきりと決めた時点で、「こういう人材を採るんだ」という姿勢で選んだわけですから、そこで企業側の選別は終わっています。あとは理念が響く人に自分の企業を選んでもらえばいいのです。

選考過程でも常に理念を伝えていくことで、自分に合わない、共感できないと感じた人は自然といなくなります。ふるいにかけるという労力もいらず、合わない人は去り、合う人だけが残る。「落とす」必要がありません。ミスマッチが起こりにくく、効率的な理想の採用がなされるのです。

そうして入った人材は、入社時点で理念や価値観に共感しているため、活躍人材になる可能性が非常に高いというわけです。

第4章

「21の法則」で欲しい人材が効率よく採用できる

［第1の法則］

全社横断のチームをつくる

「採用ブランディング」の基本的概念を知っていただいたうえで実践に入っていきたいと思います。通常、私たちは企業に訪問してワークをしながら企業のブランド化を徹底的に行っていきます。本書では、私が日ごろ行っている採用ブランディングを21の法則として紹介します。法則に従って行ってもらうことで、御社の強み、求める人材が明確になり、独自採用フローの構築、理想人材の創出への糸口となれば幸いです。

全社横断チームをつくる

採用ブランディング、ワークショップを開催するにあたってお伝えしているのは、会社が一丸となって採用に取り組んでくださいということです。多くの企業も採用は人事（または総務）の仕事で、ほかの部署には関係ないと思いがちです。例えば人事部と営業部の意思疎通が取れていない企業も多く見かけます。

人事部で採用した人材は多くの場合、現場が必要とする人材と異なるために、「なんでこいつを入れたんだ」と双方の関係がこじれ、現場に合わない人材が辞め、その結果会社としても採用自体が無駄になってしまう、ということになりかねません。

「共に会社の未来をつくる活躍人材が欲しい」。これが採用の目的です。その想いは現場も人事も同じはず。採用なくしては企業の未来はないわけですから、まずは採用を最優先事項ととらえ、採用担当者、現場の人、決裁者が一丸となり、全社横断のチームで取り組むことが採用を成功させる第一歩なのです。この雰囲気づくりは、経営者自身がまずはじめに社内で行ってもらいたいことでもあります。

決裁者と活躍人材が各チームに参加する

ワークショップでは5人～10人のチームをつくります。そのときの第1のポイントは、決裁者が参加することです。

話し合った内容を覆されると意味がなくなってしまうので、チームに1人必ず決裁権を持った人に入ってもらいます。それが社長なら、社長に必ず参加してもらいます。そして議論する内容を事前に知らせておきます。「強みはどこだと思いますか？」と事前に告知しておくとスムーズに展開します。

第2のポイントは、現場の活躍人材が参加することです。

多くの企業は、現場の活躍人材を参加させるワークショップ自体を面倒くさがります。「採用チームだけでやれませんか」と手っ取り早さを求めるのが正直な気持ちでしょう。とくに、現場が強い企業だと、「採用なんてやってられない」「売上のほうが大事」という空気が手に取るように感じられます。

しかし、採用に現場の人間が関わらないかぎり、採用担当者が採用する人材と現場が望む人材は乖離していくばかりです。どういう人物が現場に必要かは、現場の人間にしかわからないものです。

その声を聞かずに人事が単独で採用を進め、入社した人間が現場では適応できずに辞めていく。採用担当者と現場のターゲット像にズレが生じている時点で、当然の結果とも言える事態なのです。採用担当者と現場の人間が一丸となって取り組まないことには、活躍人材になり得る人を採用することは困難を極めるでしょう。

ですから、ワークショップには、現場の活躍人材も必要です。「現場が忙しくて」という声は多いのですが、そのようなときには「採用担当者の方だけでもいいですけど、後々乖離がおきて効果が出ないこともありますよ」と伝えます。本質的な採用には、現場の人を入れることは必須事項なのです。

経営者が採用ファーストの土壌をつくる

全社横断のチームをつくることの重要さをお話ししてきましたが、売上を上げている活躍人材を会議室に引っ張ってくることは、人事部だけの力では難しいでしょう。だからこそ社長の声が必要になります。社長が「採用が第一優先だよ」という姿勢を示さなければいけないのです。理念共感の会社をつくることは、長期的には売上に寄与します。「採用に全社が協力すること」「採用ファースト」そうした土壌を経営者が率先してつくることが、採用活動を成功させ、優秀人材を育てるのです。

全社横断のチームをつくること、採用ブランディングのスタートはここからです。

［第2の法則］

自分たちの強みをとことん信じる

ワークショップでは、まず自社の強みを整理します。「うちに強みなんてあるのかな」と言う人もいるほど、自社の強みというものを意識せずに働いていることが多いのです。用意していただくのはペンと付箋。「なんでもいいから、出しましょう」と、どんどん書いていただきます。次の4つの順で書いていくと、ホワイトボードが埋まるほど出てきます。

①自分がこの会社に入ったときの志望動機。周りの社員の志望動機
②入社してから感じた、よい意味でのギャップ
③事業上の強み
④自分たち特有の文化（ランチはみんなで食べる、社内にフットサル部がある、人のためにという価値観など、なんでもOK）

書き出した強みを分類していくと、15～20個のグループができ上がります。どの企業でもこれくらいにはなるものです。そしてホワイトボードや壁一面に貼られた強みが書かれた付箋を眺めることで、社員皆さんの意識が変わります。

「採用できていない」という事実は自信を失わせます。その威力は「うちなんか強みとかありますかね」と気弱なセリフが社長の口から出てくるほどです。例えば、売上好調で創業50年の歴史ある企業の社長であっても、それくらいの負け犬根性が植え付けられてしまうのが採用です。

「強みはどんな会社でもあります！」

強く背中を押して、強み発掘のワークに取り組んでもらうと、弱気な言葉はどこへやら、貼り切れないほどの強み付箋が壁一面に貼られていきます。可視化することで、参加したメンバー全員が自社の強みを認識し、「うち、こんなにいいところがあったんだ！」と感嘆の声を上げるのです。

ワークによって、経営者をはじめ社員たちが自社の強みを認識し、信じられるようになります。強み発掘は、採用ブランディングの第2の出発点です。

［第3の法則］

会社の弱みは隠さず、伝え方に工夫する

付箋を使い、強みと同様に弱みを出すワークもします。弱みはつい見せたくないと思ってしまいますが、隠す必要はありません。応募者からの質問には、会社の弱みに対するものも多く含まれます。実際、面接や面談の際に「不満なところはどこですか」と聞かれることも多いのです。

もし弱みを聞かれたとき、「残業が多いんです」と伝えたら、候補者には、こちらが思う以上に強く印象に残ってしまいます。人はマイナスイメージに引っ張られるもの。「強くて、好ましくて、ユニークなイメージ」を持ってもらうための採用活動が、たったひと言で台無しになるということがあるのです。

たとえ残業があったとしても、

「残業があるんですよ。でもみんな好きで仕事をするから、つい夜までやってしまうんで

すよね」

と、一旦、仕事熱心な社風に言い換えて、

「この時代ですからね。うちも残業なしへの取り組みをしています」

などと続けることで、ネガティブな話もポジティブに終わらせる。その準備をするための弱み発掘ワークです。弱みこそ、みんなで認識し、ネガティブ面が強く印象に残らないように、どのような言葉で伝えるか準備が必要です。ポイントは次のとおりです。

・正直に自社の弱みを見つける
・ポジティブに言い換える
・伝えるときには嘘をつかない

残業があったとしても、改善への取り組みがあることを皆が言えるようになっていれば、候補者に安心してもらえます。弱みの場合は多くても10個のグループができるくらいでしょう。候補者から聞かれたときに、それらすべてを話す必要はありません。1個2個、話せるように用意しておきましょう。

［第４の法則］

採用基準はとことん具体的に

採用基準は、とことん細かく、具体的にしていくことが重要です。採用チームで目線を合わせていく作業でもあります。これも付箋に書き出していきます。そのときに欠かせない「must」と、あれば嬉しい「want」に分けて書き出し、それぞれに出てきたものをグルーピングします。

例えばmustをグルーピングして5項目の条件「向上心」「コミュニケーション」「マナー」「健康」「理念共感」が出てきたとします。このmust条件とは5つのうち1つでも欠けたら採用しない、というくらい必要不可欠な条件のことです。

採用基準が明確になることで、本当に採用したい人に時間をかけることができ、採用後のミスマッチがなくなります。ワークショップではmust条件に挙げた付箋を並べることで、そのニュアンスまで共有できるはずです。

「向上心」……自分で行動する、将来を考える、失敗をバネにする
「コミュニケーション」……挨拶ができる、聞くことができる、人に頼ることができる
「マナー」……約束を守る、清潔感・身だしなみへの配慮、社会人の基本マナーを守る
「健康」……自分の健康を把握する、感情のコントロールができる
「理念共感」……会社の成長を自分のこととしてとらえられる、雰囲気が合う

ここまで具体的に共有され、目線がそろっていれば、人事と現場でのコミュニケーションミスが起こりません。自社が採りたい人、採るべき人をエスカレーションすることができるのです。

「素直」で「元気」な人。多くの人がこうした採用基準を出すのですが、これでは採用基準になりません。「何を指して素直というの？」「元気な人って、どんな行動をする人？」意欲や人柄があがってきたら、問いかけて分解し、曖昧さを徹底排除することで、本当に欲しい人物像が明確になっていきます。

明確な採用基準を持ってこそ、「この人もしかして、うちが本当に欲しい人では？」と、未来の活躍人材に気づけるのです。チームで取り組むから、誰もが優秀人材を発掘できる

ようになるのも採用ブランディングの強みです。

誰もが、早く気がつけるようになるから、口説く人数が多く、口説く期間を長くとることができます。的確な人へのアプローチは、採用の可能性を上げるのはもちろん、口説く時間が長いことも、それだけ接触時間をとれるわけですから、入社してもらえる可能性が高くなるのです。

［第5の法則］ペルソナは超理想を描く

ペルソナ設定は市場を狭めない

採用基準が明確になったら、「ペルソナ」も決めていきます。採用基準は採用ターゲットを判別するための基準。ペルソナは、採用ターゲットのさらに詳細なステータスを明らかにしたものです。採用基準を満たしている人のプロフィールといったところでしょうか。

ワークショップでは、「性別、年齢、高校、大学、学部、選考、サークル、アルバイト、趣味、夢、よく行く場所、好きな本、受けている企業、似ている芸能人」など超理想のペルソナを描いてもらいます。

ペルソナ設定が大事だというのは、ペルソナマーケティングが叫ばれ、成功を収めた企業の例などからも、経営者は理解しているのですが、実際のところペルソナ設定に抵抗のある人が多いのです。

なぜかというと、ペルソナを設定することでターゲットの幅が狭まり、市場を限定してしまうと考えてしまうからです。しかし、これは間違った認識です。ターゲットの曖昧な設定は、曖昧な訴求につながります。

間口を広く、多くの人に集まってもらいたいという母集団至上主義によって、ペルソナ設定がない、もしくは「主体性のある人」「素直な人」など非常に曖昧なままの設定になると、採用ホームページや採用案内などが結局のところ全く特徴のない表現になってしまい、誰にでもわかるけれど誰にも響かない言葉となってしまうのです。

響かない言葉はいくら繰り出しても、届くことはありません。ペルソナを設定しないことは砂漠に水を撒いているようなもの。いつまでたってもたまらない水のように、いつまでたっても理想の人材が現れることはありません。ペルソナ設定をしないことはそれくらいリスクがあるのです。

超理想のペルソナには、超理想の表現が生まれる

ペルソナを設定するなら「超理想」を、というのも採用ブランディングならではの発想です。「こんな人いるわけないよ」というくらいでいいのです。

超理想のペルソナを描き、この人を口説くにはどんな言葉がいいのかと考えることで、表現が尖っていきます。ペルソナ設定のメリットは、理想の人材を口説く言葉が生まれること。超理想に向けて発せられる表現に賛同する人が集まってくるのです。

例えば、異性を食事に誘うとき、紹介されて初めて会う人と、同じ会社で隣の席の山田さんを食事に誘うのは、どちらが成功するでしょうか？

「お寿司を食べるのがたまの贅沢って言ってたから、お寿司屋を探して誘ってみよう」「仕事が終わるのは8時だから、このくらいに誘ってみよう」。よく知っている山田さんには、どういう言葉が相手にとって魅力的か、考えることができます。

それに対してなんの情報もない人を誘うことは至難の業。「食事に行きませんか」くらいの言葉しか出てこないのではないでしょうか。誰にでも言える言葉で相手の心を掴むことはできないため、一緒に食事に行ける可能性は極めて低いでしょう。

図７　超理想のペルソナを描こう①

「こんな人に来てほしい」という自分の超理想を描きましょう。
「こんな人いないよね」というくらいが「超」理想です。

①年齢

②性別

③高校

④部活

⑤大学

⑥進学理由

⑦学部

⑧ゼミ

⑨ゼミ選考理由

⑩サークル

⑪バイト

⑫趣味

⑬志望業界

⑭将来の夢

⑮受けている会社

⑯よく読むもの

⑰似ている芸能人

ペルソナをつくることは山田さんをつくるということ。それも「みんなの憧れ」である超スペシャルな山田さんです。

なぜ理想に「超」までつけるのかというと、「こんな理想の人いないでしょ」というくらいキャラが立っていなければ、人は想像することができないからです。「超理想でいいんですよ」と言われることで、みなさん想像を始められるのです。そうして初めて、「超理想を口説くにはどんな言葉で?」「どんな振る舞いで?」と最適なコミュニケーションを求めての試行錯誤が始まります。

ペルソナ設定によって、自社を表現する超理想の言葉が生まれていくのです。

超理想のペルソナはリファーラルを生む

超理想のペルソナ設定のもう一つのメリットは、超理想に近い人材を採用できることで、リファーラルが生まれ、次からの採用に好循環が起こる可能性があることです。

1962年、米スタンフォード大学のエベレット・M・ロジャーズ教授が著書『イノベーション普及学』で提唱したイノベーター理論によると、革新的な新商品が出たときに、そ

図8　イノベーター理論

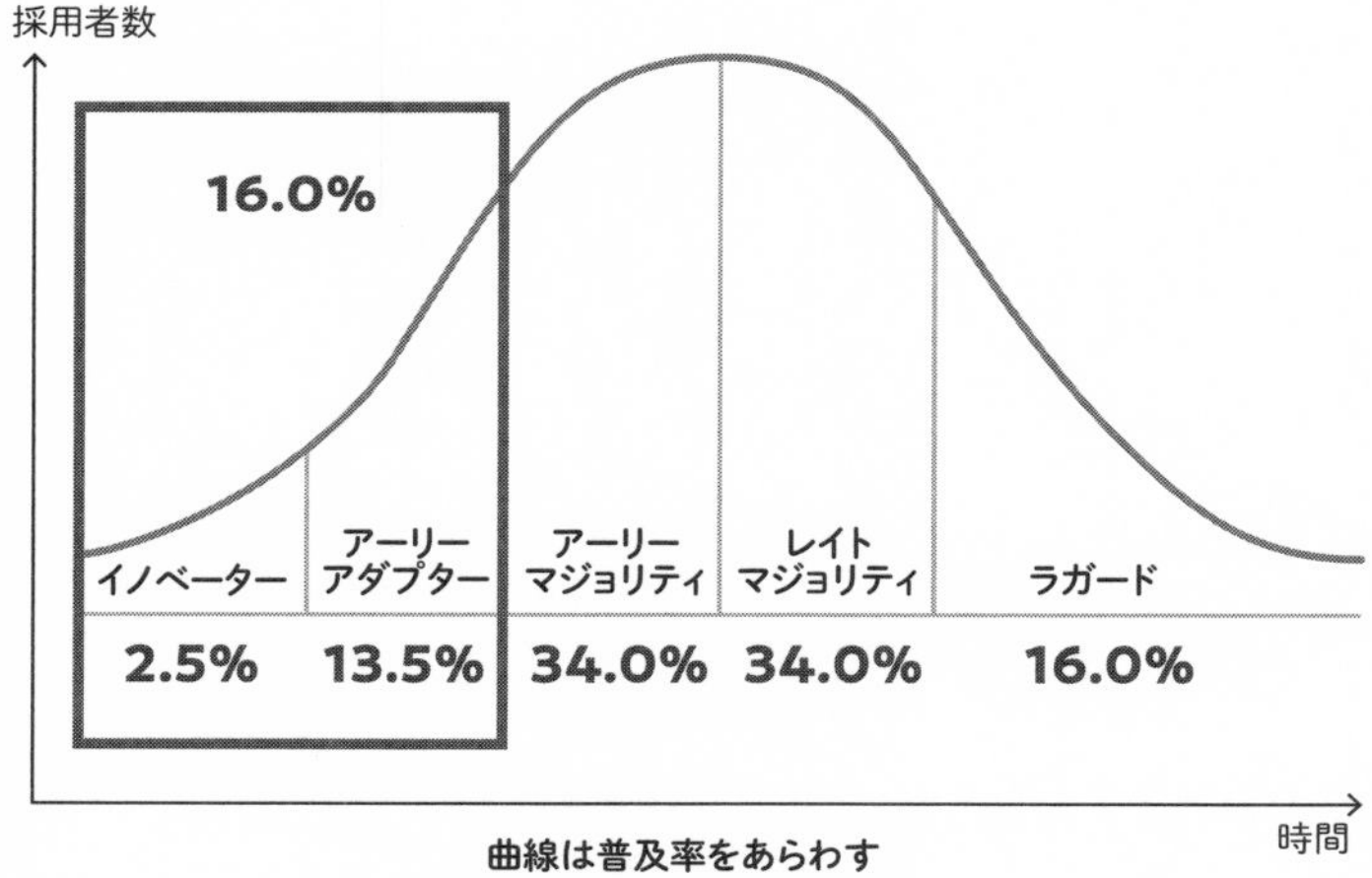

れを受け入れる速さや、自発的に受け入れる意識が高い人から順に、5つに分類されます。

イノベーター（革新者）
アーリーアダプター（初期採用者）
アーリーマジョリティ（前期追随者）
レイトマジョリティ（後期追随者）
ラガード（遅滞者）

イノベーターは新しいものを自ら進んで採用する層、アーリーアダプターは流行に敏感で自ら情報収集を行い判断する層です。この層に新しいブランドを受け入れられることが、ブランドが長続きする条件と言われています。ほかの消費者への影響力が大きく、アーリーマジョリティ以下は順次先の層が受け入れた後に徐々に追随していくことになります。

商品（ブランド）はイノベーターとアーリーアダプター、上位16％の人たちの影響で普及していくため、この2つの層が重要だと言われています。

「超理想」のペルソナとは、この理論における上位16％の人間。イノベーターとアーリーアダプターのように影響力を持つ人物の中でも特に「オピニオンリーダー」になる人を設定しましょうと伝えています。採用は自身の未来を決める意志決定ですから、このような人が入社することで「あの人があの会社に行くなら自分も」と追随する人が出てきます。人生をかけて行っている行動だからこそ、説得力があり、リファーラルが起きやすいのです。

［第6の法則］

ペルソナは言葉と絵で詳しく表現する

言葉やプロフィールだけでは、想像する人物はまだバラバラ。ということは、受け手が想像するイメージもバラバラになってしまうので、ビジュアルも添えておくのがベストです。言葉を付箋に書き出したらビジュアルも付けておきます。情報がより具体的になるので統一したイメージの共有が進み、求める人材に皆が気づきやすくなるのです。

〇〇大学　経済学部
高円寺　在住
大学進学理由：東京に行きたかった
サークル：英語研究、登山（世界旅行をするのに英語が必要だから）
趣味：登山、旅行、ギター（国内外の各地に旅行して登山する）
志望している会社：〇〇商会

図9　超理想のペルソナを描こう②　ビジュアル編

ペルソナワーク①（P104）のプロフィールを満たす人はどのようなビジュアルでしょうか。雑誌などの切り抜きを貼っていきましょう。切り抜きはいくつ貼ってもOKです。

顔	服装

よく行く場所	好きな食べ物

似ている芸能人：田中圭

ワークショップではビジュアルコラージュをしています。Webサイトや雑誌などから、人物のイメージを集め、その周囲にペルソナのよく行く店、食べるもの、好きな車、趣味に関わるものを集めていきます。

ペルソナがいたらすぐに口説く

超理想のペルソナに近い人がいたらとりあえず口説く。これがペルソナの使い方です。〇〇大学、経済学部、体育会系、高校時代はサッカー部のペルソナ設定だとしたら、とりあえず口説いてみるのです。

「ペルソナ」は採用基準とは違います。採用基準のうちの「must」は、一つでも欠けたら採用しないという必要不可欠な要素でした。これに対して「超理想ペルソナ」は必要不可欠の絶対条件ではありません。もちろん、そのような人物がいたら願ってもない奇跡ですが、いなくて当たり前。「少しでも近い人がいたら即声をかけよう」という瞬発力を発揮するための基準です。ペルソナを「超理想」にして尖った設定をしているからこそ、ペルソナに「近い」というだけでアンテナが働き、優秀人材の獲得に近づくのです。

ペルソナを決めると理想の人物が現れる

「本当に決めた通りの人が来ました」――ペルソナ設定のワークをした後で、採用担当者の方から連絡をいただくことが多々あります。ペルソナワークの効果が即表れたということで、非常に嬉しい報告です。そんなとき私は、「素晴らしい人材に出会えましたね！でも、今まではいなかったのに、理想の人がいきなり現れたというわけではないんですよ。みんなでペルソナを決めたから気づけたんですよ」とお伝えしています。

どんな人が欲しいのかを決めていなかったら、そもそもアンテナが働きません。それまではイメージがなかったから、口説く対象に気がつくこともできなかったのです。

プロフィールを詳細に決めて社内ですり合わせておくと、イベントなどでアンテナが立ち、候補者を見つけられるようになるわけです。決めたことで気づける、理想のターゲット像に向けた発信を始められる。だから理想の人材に巡り合うことができるのです。ペルソナを深掘りしたことで、自分の意識変革が一気になされたということです。

［第7の法則］

ペルソナのインサイトを考え抜く

理想のペルソナが決まったら、ペルソナが就職活動、転職活動で何を大事にしているかを考えていきます。これを「インサイト」と呼んでいます。

採用活動を貫く一貫したコンセプトを考え出すにはインサイトが必要です。コンセプトはターゲットが重視していること（＝インサイト）を縦軸に、他社と一番差別化できるところ（＝自社の強み）を横軸にしたときに、両軸共に高いエリアで設定すべきものです。縦軸となるインサイトを決めないことには、採用の柱をつくれないので、インサイト決定は重要な作業です。

インサイトは次の順番で考えていきましょう。

①ペルソナが何を大事にしているかを付箋にどんどん書き出していきます。「グローバル

図10　採用コンセプトのつくりかた

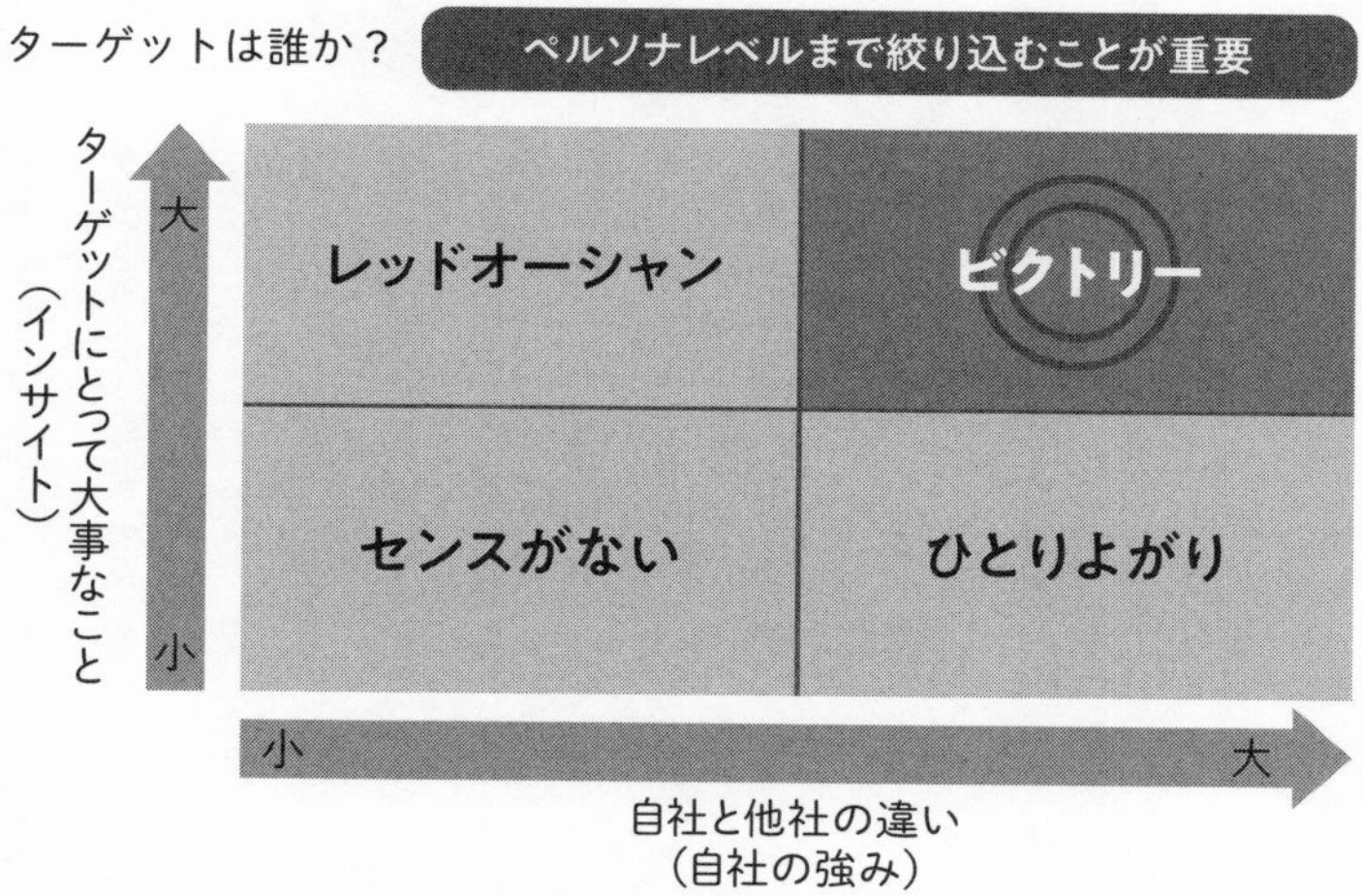

『CRM-顧客はそこにいる(Best solution)』（東洋経済新報社）を基に作成

に働ける」「自分の意見を取り入れてくれる」「尊敬できる上司がいる」など。

②それらの付箋を分類して、ペルソナが大事にしていること上位2つか3つに絞る。

③出てきたインサイトを再度内容チェックします。ありがちなのは、インサイトが給与、休みなど、企業のスペックになってしまっていること。スペックを基準にして入ってくる人は、もっといい条件の企業が見つかったら、あっさり辞めていくものです。ですから、インサイトにスペック項目があったら要注意です。

「その人は本当に会社が求めている人材ですか？」「そのインサイトを持った人に入ってきてほしいですか？」と再度問いかけ、考えます。

すると、「やっぱり、給与を重視している人より理念共感している人だよね」「働きがいを求めている人、活躍できるか考えている人がいいね」など、インサイトは変わっていきます。求める人材がより明確になるのです。インサイト項目は変化していっていいのです。チェック&問いかけで、本当に入ってきてほしい人物像を見極めていきましょう。

なぜこの順番で考えることが大切なのかというと、まずペルソナの気持ちになって、何を就職（転職）活動で重視しているのかを考えることで、客観的な項目が出てきます。そのうえで、その視点を重視するペルソナが本当に自社に欲しいのかを考えることで、ペルソナの中でも、どんな志向性を持った人が自社に必要なのか、というメンバー内でのすり合わせにもなるからです。

また、自社の強みに立脚したコンセプトづくりにもつながり、効率よく狙ったペルソナに訴求していくことが可能になります。これを逆に、自社が欲しい人から考え、一般的に

図11　インサイトを見極めよ

インサイトを付箋にどんどん出してからグループに分けて整理し、上位３つを左の欄に記入します。右下の３つの欄には会社の強みを記入しましょう。

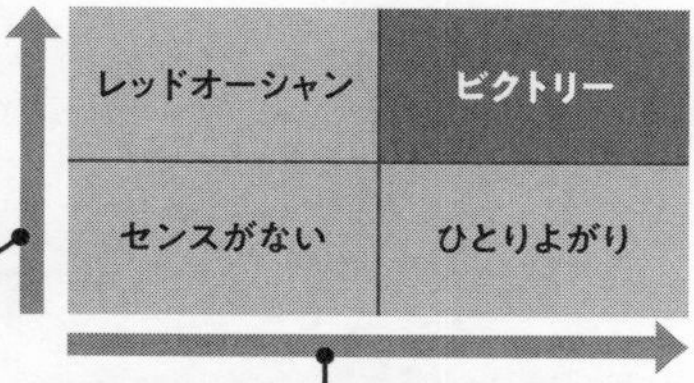

応募者にとって大事なこと
①
②
③

３つの強み
①
②
③

何を重視しているんだろうと考えてしまうと、結局、給与や休日など、スペックが大事という結論になりがちです。それでは、自社の強みに立脚した訴求にはならないので、もはや採用ブランディングの実行にはならないのです。

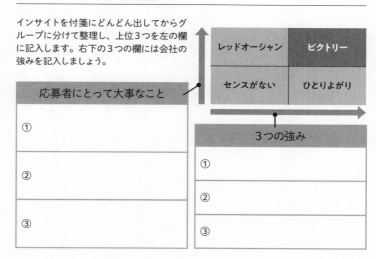

［第8の法則］

自社の強みは3つに絞る

自社の強みを付箋に書き出すと、どの企業でも20くらい出てくるものです。「うちには自慢できるものがないよ」と言っていた社長も、壁一面に貼られた付箋を目の当たりにして、自信を取り戻していきます。

それくらいたくさん出てきますから、今度は絞る作業です。限られた時間で20もの強みを伝えることはできません。情報としても多すぎて、相手も理解できません。一度に伝わるメッセージはせいぜい2、3個なので、出てきた強みを3つに絞ります。

元リクルート社フェローの藤原和博氏が提唱する「どんな人でも正しく努力して3つの強みをかけ合わせれば、100万分の1の存在になれる」という話は、さまざまな分野で応用されています。私もこの話の影響を受けた1人で、採用ブランディングに取り入れています。

このあとには、コンセプトづくりが待っていますが、そのとき、この３つの強みを土台に自社の最も訴求すべき点を開発していきます。それは他社にはない、自社だけの強みです。それをより強くするには、３つの強みをかけ合わせて、新しい自社の強みを開発することです。

これはイノベーションを生み出すときの理論を応用しています。「イノベーションの父」と呼ばれた、経済学者ジョセフ・シュンペーターは、「新しい知とは常に『既存の知』と別の『既存の知』の『新しい組み合わせ』で生まれる」と定義づけています。

みなさんの会社の強みの中でも、自信のある強み同士を掛け合わせることで、自社にとって採用のイノベーションになるような強いコンセプトを開発しよう、という意図がそこにあるのです。

強みが１つだと、他社とかぶることがあるものです。２つでも似通ったテイストになる可能性も否めません。しかし、３つの理念のかけ合わせで、かぶることはありません。まさに、100万分の１の存在、自社にとっての採用のイノベーションです。圧倒的な差別化がなされるはずです。ですからワークショップでは、理念と言える強みを３つまで絞って考え抜いてもらいます。

強みは相対的（数字で比べられるもの）である必要はありません。自分たちが自信のあるものでいいのです。

技術系の企業が、「うちは特許を100個持っています」と明らかに数字で表されるものを持っていれば、それは確かにわかりやすくてすばらしい強みです。しかし、そのような強みがなかったからといって、「うちには競争力がない」と思わないでください。

また、強みのうちの1つは必ず理念や価値観を表す強みを入れてください。それでこそ理念を土台にコンセプトをつくり出すことにつながります。

ワークでは「成長」や「つながり」といった定性的な強みを、根拠やストーリーと共にどんどん出してもらいます。自信のある強みをピックアップしたら、どんな企業でも差別化ができます。自信を持って採用市場で戦うことができると断言します。

3つに絞ると100万分の1の存在として突出できる。メッセージは強くかつ伝わりやすくなるので、「強くて、好ましくて、ユニーク」なコンセプト形成につながるのです。

図12　わが社の強みトップ3

強みをどんどん書き出していきます。「入ってみたら仲がよくてびっくり」「受付の対応がいい」など数字では表せないことでOK。

思いつくだけ書き出したら、似通ったものはグルーピングしてまとめましょう。「営業」「人柄」「福利厚生」など項目をつけて分類します。

その中からわが社の強みトップ3を選抜。みんなから出てきた根拠やストーリーから、応募者へ伝えるための営業をつくっていきましょう。

いくつでも書き出してみましょう	
例：フォロー体制が整っている	
例：面倒見がいい	

強みその1
強みを伝える言葉

強みその2
強みを伝える言葉

強みその3
強みを伝える言葉

［第9の法則］

コンセプトは採用活動の命

採用活動にはコンセプトが必要

コンセプトとは、採用活動全体を貫く「軸」、基本的な観点や考え方のことです。採用に関する施策には、メディア掲載、イベントや説明会の実施、パンフレットやホームページ制作、面接、それらに伴う細かな作業がたくさん発生します。それぞれの施策を着実に実行するだけでも大変な労力です。

しかし、これらすべての施策が一貫したコンセプトに基づいていないと、それぞれが着実に行われても、個別の戦術としての機能は果たしますが、採用全体の効果は限定的なものになってしまいます。個々の施策が部分最適として機能することは大切ですが、相乗効果をもたらして全体最適になるためには、コンセプトで採用活動を一気通貫させることが必要なのです。

個々の施策がインパクトのある展開をしても、「おもしろい活動をする会社」として認識される程度で、会社の知名度や認知度には貢献しません。メディア掲載から面接までコンセプトに沿って一気通貫させ「メディアを見てもパンフレットを読んでも、説明会でも、一貫した会社の魅力に触れられる。イメージができる」と思ってもらう必要があります。

会社の価値を蓄積していく採用活動にするためには、コンセプトが必要不可欠。コンセプトを軸にした採用活動こそ本物と言えるでしょう。

採用コンセプトのつくりかた

採用コンセプトを考えるうえで欠かせない要素は、[第7の法則] インサイト、[第8の法則] 3つの強みです。横軸に強み、縦軸にインサイトとしたグラフ上で、強みが伝わり、ターゲットにとって大事なこと（インサイト）が届くビクトリーの領域で、コンセプトを考えていきます。選んだ3つの強みをペルソナにどのように届けるのか、文章で書いてみましょう。

多くの企業は自社の強みを明確にせず、強みを発信するメッセージの基盤にできていないまま、応募者の求める採用活動を行いがちです。給与や休日、条件勝負のレッドオーシャンに飛び込んでしまうため、大きな企業に負けてしまうのです。

コンセプトづくりも、ペルソナ、インサイト、強みのつくり方と同様に、とにかく手を動かして文章で考えていきます。私がワークショップでよく注意するのは「かっこいいフレーズにしなくていいですよ」ということ。みなさんひねった言葉や、かっこいいフレーズを考えようとすると、手が止まってしまいがちですが「そういうことは、まったくいらないんですよ」とお伝えしています。

10センチ四方の付箋なら3枚ほどの長さになってもいいので、文章で書いてみましょう。応募者に自社の強みを話すように、話し言葉で書いていきます。強みを伝えるために紡がれるそれぞれの言葉、それがコンセプトです。そしてそれを必ずメンバーで共有し、自分たちのコンセプトはこれだと、すり合わせてください。そうすることで全員がコンセプトを語れて、採用活動に一貫性が出てきます。

採用の入り口から面談まで、どのフェーズでも一貫したブランドイメージを届けられるコンセプトはここで生まれます。社内一丸となって、掘り起こしていきましょう。

コンセプトは長期に渡って活用できる

毎年のように採用ツールを作り変える企業が多くありますが、採用ブランディングの考え方に沿えば、その必要はなくなります。

採用ブランディングで選択する施策は、すべてがコンセプトに基づいていて、コンセプトは企業理念・価値観を表したものですから、そうそう変わるものではありません。一度コンセプトを決めれば、翌年も採用パンフレットやホームページも同じコンセプトのまま、先輩の声など、インタビューする社員を入れ替えたり、追加したりする程度の変更ですむのです。私がサポートしている企業では、平均して3〜5年同じツールを使い続けています。

コンセプトに基づかないツールや施策を採用していると、流行り廃りに振り回されて、多額の費用がかかることになります。「こっちの手法のほうが、効果があるのでは?」と毎年のように施策を変えて予算を増やし、そのわりには効果が得られていないというケースが実に多いのです。

大切なのは採用全体を貫くコンセプトです。ベースがきちんと築かれ、コンセプトに基づいて構築された施策はクオリティが高いため、色あせることがありません。流行りに流されない、本質的な採用ツールと施策を手に入れることができます。

継続的に使用できるツールを手に入れることで、時間も費用も削減。一貫したイメージを浸透させることができるので、効果も効率もよくなります。

採用活動の成否は明確なコンセプトを持っているかにかかっています。コンセプトこそ、採用活動の命なのです。

［第10の法則］
採用スローガンは腕のいいプロに任せる

採用スローガンは、採用コンセプトを1文で表した合言葉です。例えば、「成長」「つながり」「笑顔」の3つが強みの会社で、各部門の社員の方々から「強み×インサイト」を自分の言葉で表したコンセプトがいくつもあがってきました。コンセプトまでは、会社の皆さんの言葉がリアルでいいのです。人に届く言葉が生まれます。

それらをひと言で表すスローガンにすることは、高い専門性を要するため、プロにお任せすることをおすすめしています。

採用ブランディングのプロジェクトに入らせていただくときには、コンセプトまでワークショップの形でつくり上げていきます。私たちがファシリテートしながら、考えるのは社員のみなさんです。その先のスローガンの開発はプロの仕事としてお引き受けし、すべての会話、すべての表現物がきちんと採用スローガンに落ちるように設計していきます。

スローガンは本質的でわかりやすいものであること、会社の強みに加えて、文化、その会社らしさがしっかりと出ていることが最重要です。

自社の考え、スタンス、ドラマが全部詰まっているのがスローガンだとしたら、プロに任せてみんなが口にできるようになるのが理想です。

では、なぜスローガンが必要なのでしょうか。それには、大きな利点が2つあります。

①スローガン化することで、社員が自分の体験を効率よく話せるようになる

②採用ツールの一貫性が出やすくなる

②により、プロモーションの統一感が出て、応募者の印象に残りやすくなります。そこに興味を持って、面接の応募や説明会への参加などのコンタクトをとります。

そして実際に会ったときに、①の社員がスローガンに沿って会社の説明や自分の体験を話すと、一貫性もあるので、応募者の頭に入りやすく、印象にも残ることになるのです。

［第11の法則］採用フローはコンセプトに忠実に

採用コンセプトが決まったら、各採用フローに落とし込んでいきます。コンセプトを体現するのに相応しい形を考えながら、すべての採用フローを構築していくのです。

そのときに、基盤とするのは「ＭＯＳＥＡＬＳモデル」です。これは、ブランドに出合った人が価値を感じることで、「ロイヤリティ（忠誠心）やブランド連想が高まって、最終的にはファンを超えて、会社を伝える存在になる」、という心理変容をモデル化したものです。この心理変容に採用フローの段階を当てはめていくと、効果的な流れを生み出すことができます。

ＭＯＳＥＡＬＳモデルについて解説する前に、人が商品を認知してから購買に至るまでの過程を示す、有名なモデルを紹介します。

①米国の学者であるサミュエル・ローランド・ホール氏が提唱した「ＡＩＤＭＡの法則」

Attention（注意）→Interest（関心）→Desire（欲求）→Memory（記憶）→Action（行動）

②「ＡＩＤＭＡの法則」を電通が応用して提唱する「AISASの法則」

Attention（注意）→Interest（関心）→Search（検索）→Action（行動）→Share（共有）

これらは、広告を見た人がどのように心理変容するか、という観点でつくられたモデルですが、現実に即しているとは言い難いところがあります。というのも、購買者の心理変容は広告単体ではなく、ブランドとのあらゆる接点を考慮すべきだからです。そこでわが社で開発したのが「ＭＯＳＥＡＬＳモデル」です。

③ＭＯＳＥＡＬＳモデル

Meet（出会う）→Move（心が動く）→Search（調べる）→Experience（体験する）→Action（購買／選考参加）→Love（ファンになる）→Share（人に伝える）

このモデルは、あらゆる場面ですでに応用されている西條剛央氏が構築した「契機→関心→価値→行動」という人間の本質的な心理変容モデルを土台に開発しました。

これを採用ブランディングの流れで考えれば、

①応募者がスローガンで惹きつけられ（契機）
②HPを詳細に見て、「関心」を抱き
③その情報に「価値」を見出し（自分の価値を発揮できるという期待）
④応募を行う（行動）

という流れになります。これはファンを増やすことで売れ続けるというブランド構築の本質を汲んだうえでモデル化したため、採用シーンで効果を発揮しやすくなっています。

経営者や採用担当者に求められるのは、「応募者がどのように心理変容していくか」ですから、その変容過程を念頭に置いたうえで、最終的に自社を伝えてくれる伝道師になってもらうための施策まで考えておくことです。

採用における伝道師とは、企業理解が深く、自分が活躍するイメージを持った人のことです。最終面接を終える頃に「自分の入ろうとしている会社には、こういういいところがあって、こういうところが課題で、こういうことをやりたいんだね」と言える状態になっていたら、その人は間違いなく伝道師です。ここまで言わせられる採用ができたら、大成功です。

図13　ターゲットの心理変容に応じて採用の施策を考える

人に伝えられるようになるまでの段階（MOSEALSモデル）		採用ツール／採用コミュニケーション・ツール例
出会う（Meet）	知る	ナビ媒体募集告知・イベント
心が動く（Move）	知る	（採用）ホームページ
調べる（Search）	関心を持つ	（採用）ホームページ
体験する（Experience）	関心を持つ	セミナー・説明会（映像／パンフレット）
選考参加（Action）	好きになる	各選考・パンフレット
ファンになる（Love）	好きになる	各選考・パンフレット
人に伝える（Share）	語れる	各選考・パンフレット

「出会う」「心が動く」「調べる」「体験する」「選考に参加する」「ファンになる」「人に伝える」という心理変容に応じた採用ツールを、どのようなものにしていくかを考えるときに、すべてがコンセプト（スローガン）に基づいて設計されていることが大切です。図には心理変容に対応した施策の段階も載せているのでご参照ください。

コンセプトに沿った採用フローを組み立てる

採用フローの構築といっても、どこから始めていいのかわからないというのが、多くの採用担当者の本音ではないでしょうか。そんなときには、採用フロー構築に役立つ４つの質問に答えてもらいます。

「スローガンが伝わる出会いに相応しい場所はどこか」（集める場所を問う）
「スローガンが伝えられる説明会の設計は」（会い方を問う）
「スローガンが伝わる選考にするには何をすればいいのか」（口説き方を問う）
「スローガンが伝わる内定出し後の流れとは」（フォロー態勢を問う）
コンセプト（スローガン）にふさわしい場所（イベント、ナビ媒体、ホームページ）、方法、登場人物を具体的に考えていきます。

例えば、地方の税理士事務所の場合、

集める場所：「Uターンの学生を狙っているから、地元でなく東京のイベントに参加しよう」「簿記会計・相続税務・税務法人・所得の知識が得られる研修会を3回開こう」

会い方　　：「単独説明会を開催しよう」「志望者に実体験を実施しよう」「社長が話す機会をつくろう」

口説き方　：「面接に現場の人間が出て、仕事への親近感を持ってもらおう」「早いうちに役員が出て理念に深く触れてもらおう」

フォロー　：「実際に長期アルバイトをしてもらおう」「税理士に同行してもらおう」

など、応募者をファンにしていくための採用フロー設計ができあがっていきます。

「わが社は世界進出を掲げているから、入社式は海外だ」と、ハワイに支社があるわけでもないのにハワイで入社式をするなど、採用で突拍子もないことをしなければ差別化できないと考える企業も少なくありません。

実際、インターン生を海外に連れていった企業がありましたが、結局そのときのインターン生は一人も入社しませんでした。採用は応募者にとっても人生をかけた選択ですから、その企業が自分の人生を構築できる場所なのかを真剣に見ています。

奇抜さや面白さで差別化を追求しても、応募者の信頼を得ることはできません。内定承諾を勝ち取るには、ただひたすらに会社の熱い想いを伝えることが必要なのです。

大切なのはコンセプト（スローガン）に忠実であること。なぜその言葉で表現され、なぜその形態で組み立てられたのか、一つひとつの採用フローに必然性を組み込んでいくことです。スローガンに忠実な採用フローを徹底して作っていくと、採用は自動的に差別化されていき、理想の人材採用につながるのです。

［第12の法則］
自社を人物化する

次に、自社を人物化します。その目的は、つくったコンセプト（スローガン）を伝えるコミュニケーションに一貫性を持たせるためです。自社を人物化し、どんな人なのかを知り、採用に関わるメンバーがその情報を共有しておくことで、

①応募者と直接コミュニケーションを取るときの話し方、接し方が変わると一貫性が出やすくなる

②採用ツールを作成するときのトーンを合わせやすくなる

という2つの利点が生まれます。

商品や企業サービスをキャラクターに見立て、擬人化した広告を目にした方は多いでしょう。伝わりやすさ、親近感を狙った擬人化の手法を大手企業が取り入れて大々的な広告を打ったことで広まっています。

トヨタはプリウスの機能をＰＲするために、実際に使われているパーツを擬人化して、その魅力を伝えるプロジェクトを実施。ロッテはガムを擬人化したキャンペーンで絶大な女性人気を獲得しました。

擬人化が成功を収めるには、イメージ、親近感が湧き、興味を持ってもらえることで、わかりやすく伝わりやすくなることが条件です。採用ブランディングで、キャラクター化は必須ではないので、あくまでコンセプト（スローガン）に基づいて判断してください。

「伝わりやすい」ことは、採用ブランディングでも最も重要なポイントです。応募者に自社の理念がわかりやすく伝わるためには、社員全員が一致した見解で会社をとらえていなければなりません。そこで採用ブランディングでは、ワークショップの最後に自社を人物化するワークを行っています。

「会社のスキルってなんだろう」
「スタンス、考え方って？」
「うちの会社はどんな性格の人なんだろう」

自分の会社をスキル、スタンス、性格で出してもらい、全体像を明確にしていきます。なんでもいいので付箋に書き出していき、その根拠となるエピソードも書き出します。擬人化キャラクターのように、ビジュアルまでつけられればなおいいでしょう。

「自社を人物化するとこうだよね。こういう見え方してるよね」
「だったらこう伝えたほうがいいんじゃないかな」

繰り返しになりますが、自社を人物化したイメージをつくることで、応募者に伝わる話し方や、パンフレットやホームページなど制作物の雰囲気づくりに統一感が生まれます。イメージをすり合わせすることによって、外部の協力会社の方への伝え方のブレをなくすことが、人物化の一番大きな目的です。

この［第12の法則］までが、採用ブランディングの戦略づくりの全貌です。ここまでの法則に従ってチームを組んでワークショップを開き、出た内容を徹底的にすり合わせておくことができれば、あとは実践のみ。［第13の法則］からは、実践時に大切な視点と注意点についてお話ししていきます。

図14　自社を人にたとえたら？

自社の「スキル」「性格」「スタンス」を出し、各項目の左の欄に書きましょう。
右の欄にはその根拠となるエピソードを書きます。

スキル	根拠となるエピソード
例；コミュニケーション能力が高い	顧客の多さ、業界トップクラス

性格	根拠となるエピソード
例：見栄っ張り	エントランスと来客室を改装

スタンス	根拠となるエピソード
例：強い精神力の保持	創業50年

［第13の法則］
採用の各施策を連動させる

経営者や採用担当者は、応募者が「この会社に入りたい」と価値を感じ、ファンとなり、最終的には自社を「語れる」存在になるところまでの心理変容を認識して採用フローに落とし込んでいくことが求められます。

①知る
②関心を持つ
③好きになる
④語れるようになる

①から④までの心理変容の流れを引き起こすために、それぞれの段階に沿って、ナビ媒体、イベント、ＨＰサイト、パンフレット、セミナー、説明会、各選考などの施策を展開していきます。これらの施策は人材採用という戦場で戦うための、いわば「武器」です。

それぞれの武器が威力を発揮すれば、採用活動を有利に進めることができます。

〝効果的〟な武器は採用ブランディングの発想に基づいて一貫性のあるつくりになっているものです。応募者がどこに触れても、「うん、この会社だね」とわかるくらい、ひとつのメッセージが伝わるようにつくられていることを指しています。

同じブランドで買い物をして合わせると、トップスとボトムのコーディネートがしっくりくる、フライパンとフライ返しの使い勝手がいいなど、別のアイテムなのに組み合わせたときに心地よさを感じますよね。違和感がないのは、それぞれのアイテムが製造レベルまで一貫して、コンセプトが貫かれているからなのです。

HPとパンフレットでは、応募者にまずはどんな会社なのかを知ってもらうために関心を持ってもらう大切なアイテムです。採用の導入部で必要不可欠な武器です。そのためには、理念に基づくコンセプトが貫かれ、強靭な武器に仕上げておく必要があります。

ところが、この2つが連動していないケースが非常に多いのです。

なぜそうなるのかというと、採用の全般を任され、戦略をつくる採用コンサル会社と、パンフレットなどの制作会社が別だからです。ひどい場合は、サイトはA社、パンフレットはB社、戦略立案はC社というように、すべて別発注という企業もあります。これでは一貫性などあるはずもありません。

採用の世界では、こうした別発注が当たり前に行われています。せっかくつくった戦略がサイトや制作物に活かされないことが往々にしてあるのです。時間とお金をかけてつくった武器がまったく役に立っていない。しかし、そのことに気がついていないのです。

「みずほらしくない人に会いたい」

これは、みずほグループが数年前にパンフレットに使用していたキャッチコピーです。あくまで想像ですが、これまでの銀行然としたあり方を覆し、新しい文化をつくってくれる人材を求めていますというメッセージなのでしょう。

しかし、このパンフレットが使われたときのHPには、「みずほらしくない人に会いたい」のメッセージはどこにも書かれていませんでした。青いみずほカラーをベースにし、ごく一般的な会社説明を伝えるものなのです。おそらくですが、見てくれる多くの人に向けて間口を広くしたため、訴求点を絞っていないつくりです。

攻めこんだパンフレットとは対照的なHP——それぞれの役割としては部分最適なので

しょうが、ブランドとしての一貫性がありません。みずほ銀行が誰でも知っている企業で、応募が集まるからこそ成立するのです。無名で採用に苦戦している企業は、決して真似してはいけないやり方です。

採用の中で一貫したプロモーションをするという発想は、歴史が新しいために浸透していません。制作物は別発注が当たり前です。しかし一つひとつの施策がバラバラな発注では、コンセプトを基軸にした一気通貫による相乗効果を得られません。それぞれの制作会社が「自分たちのやり方が正しい」と最適なものを提案してくるでしょう。それをコントロールしていくことには、相当な経験やスキルが必要です。どの施策からも同じメッセージが伝わってくる――これこそが無名の企業が大手と競合できる秘策。知名度がない小さな企業ほど一貫性がなくてはならないのです。

コロナ禍以降、オンラインの導入が一気に進み、パンフレットをつくらない会社も増えました。オンラインばかりの接点となり、パンフレットは不要ではないかという議論があるかもしれません。しかしＭＯＳＥＡＬＳモデルを基準に考えれば、ＨＰを見る時点とパンフレットをもらう時点では応募者の心理変容は違うはずです。

現物としてパンフレットは必要ないかもしれませんが、同等の内容は必要であると考えています。例えば、オンライン説明会に参加してくれた人に、PDFで送付する。あるいは、参加してくれた人だけが見られるWebページを制作することで、パンフレットに代わって心理変容を促すことができるのです。HPだけに、パンフレットの役割を担わせるのは、MOSEALSモデルの考え方からして、無理があると言わざるを得ません。

採用戦略をつくる企業が採用戦略から制作物まで一気に引き受けてくれることが理想ですが、実際の制作やディレクションは制作会社に外注することが多くあります。元請けの会社にディレクションの能力があれば別ですが、丸投げになることが多いのです。発注先が別であるなら、一貫性が保たれるように自社で統括しなければなりません。自社がコンセプトを軸にWebページ、パンフレットをディレクションする必要があります。

しかし、制作物のディレクションは専門性が高く、経験とスキルが必要です。ですから、[第12の法則]までつくった内容を共有し、制作物一式はどこかの会社に任せる、という方法が現実的かと思います。

採用分野は外部へ依存する割合が多く、油断すればすぐにブレが生じるところです。会社自らがコンセプトを深く理解し、ディレクションしていく意識が必要です。

［第14の法則］
「採用→教育」から「教育→採用」

採用フローは理念教育の場にする

母集団をたくさん集めて、その中から選んでいく採用方法は、数が集まれば効率的ですが、そもそも集まらない場合もあります。そうなると、やみくもに集めることになり、採用できれば誰でもいいという状態になりやすく、教育は後回しになります。

採用ブランディングでは、「募集する段階から、すでに教育が始まっている」と考えます。コンセプト（スローガン）にはそこに理念や価値観が埋め込まれています。つまり、応募段階から、理念や価値観をどんどん訴求していくという狙いなのです。

この考え方を、「採用 → 教育」ではなく、「教育 → 採用」と逆転して公式化していきます。つまり、コンセプト（スローガン）に忠実に、惜しみなく自社の理念や価値観、そして自社の戦略を訴求し、採用の場において戦術をくり出していくのです。

ひとまず数を確保しようと、応募者に口当たりのいい情報だけを発信していると、自社に合う人材はますます集まりません。よく「そんな自社の深い部分を訴求して、人が集まりますか」という心配の声を聴くことがありますが、他社と同じような給与や休日などの情報を掲載しても、応募者の気持ちになってインサイトを考えれば、応募すべき理由が見つからないので、結局少しでも自分が知っている企業、とくに大手企業に寄っていきがちなのです。それでは無名の企業は、いつまでたっても採用できません。

また、「あとから自社の理念に沿うように教育すればいい」と考える経営者は多いものです。しかし、この思考こそが、離職に拍車をかけているのです。会社の理念・価値観への共感が低い人は、入社してからのミスマッチが起こる可能性が高くなります。「思い描いていた仕事とは違い、やりがいを感じられない」「人事担当者の印象がよかったから入社したけど、配属された部署の人たちとは相入れない」「そもそも待遇の条件がよかったから入ったのであって、仕事への意義を感じられない」――こうした齟齬は最初の段階で、理念への共感がベースとなった採用が行われなかったために生じるものです。

経営者と社員双方にとって離職という難事にならないためには、理念教育が採用の段階からなされるべきなのです。

理念教育の発想から採用の好循環が生まれる

「人が辞めていってしまう流れに歯止めをかけるには、採用に費用をかけすぎず、採用後の教育にこそお金をかけるべきだ」という声を聞くことがあります。極めて普通の発想なのですが、採用ブランディングの観点からすると、そもそも理念や価値観に共感していない人を入れていたら、「教育しても辞める」という事態が起きて当たり前です。

採用にお金がかかっているのは母集団至上主義で、母集団を集めることにやっきになっているからです。大切なのは、採用時から理念教育を始め、採用フローを設計していくこと。はじめから理念に共感してくれそうな人を対象に選考を進めていくことです。

採用全体は理念教育そのものとして進めれば、新入社員は理念への共感という土台を持ったうえで入社することになります。入社後にゼロから教育する必要がないことで、労力も費用も削減。土台ありきでスタートする社内教育は、より深く厚みを持ったものとなるでしょう。採用フロー全体で理念教育がなされる採用は、採用の本質ともなる発想です。

［第15の法則］

ペルソナがいそうなところを攻める

「たくさん人がいればいい人が見つかるだろう」という発想は、実に運任せな手法です。例えば採用イベントに参加して、そこに「いい人」がいればいいのですが、見つけられなかった場合は数十万円を捨てたのと同じことになります。「いい人が現れたらいいな」という待ちの採用はこの繰り返し。費用対効果は低いのに、依然として主流のままです。

一方、採用ブランディングは、理想とする人材がいるところに探しに行く「取りに行く採用」です。まったく逆のベクトルなのです。まず採用フローに入る前にペルソナを決め、その人がいそうな場所へと出向くのです。

例えばペルソナが、［第6の法則］で例示したようなイメージであれば、そのような人たちが集まるイベントに参加すれば、それだけターゲットに近づくことができるでしょう。

ペルソナがいそうな場所を探すのに優先するのはペルソナの出身大学です。まずは自社にペルソナと同じ大学のＯＢがいないか探し、後輩に会いに行ってもらう。ＯＢが新入社員だったら、まだ大学生とのつながりが多少あるはずですから、後輩に声をかけてもらい飲み会を開催する、また、大学の近くで説明会を行い、告知するのもいいかもしれません。

コロナ禍以降、オンラインでの説明会や面接が増え、もはや当たり前になりました。会場も必要がありませんから、予算がかからないうえに、これまでよりも一層細かいセグメントで説明会をすることも可能です。応募者が地方でも参加がしやすいので、地域を選ばず欲しい人を集めることができます。

例えば、Ｚｏｏｍには、ブレイクアウトルームという参加者をグループで小部屋に分けられる機能があります。事前に参加者のプロフィールがわかっていれば、予め任意のグループに分け、議論してもらうことも可能ですし、社員を1名参加させて、いわゆる先輩社員との座談会もオンラインで行うことができます。これまで地域ごとに説明会を行ってきた企業も、オンラインで地域という分け方ではなくターゲットを詳細に絞った説明会を行うことで、より自社にマッチした人材に出会うことにつながっていくでしょう。

従来の採用方法にとらわれない柔軟な方法でペルソナがいそうな場所を攻めていきましょう。欲しい人材を見つける確率が高まるうえに、必要のないイベントに参加しなくていい分、コスト削減。いいこと尽くしです。

ペルソナが決まっていれば、自社説明会の集客を外部の会社に委託するのも効率のいい集客方法です。ひとつの採用イベント参加にかかる費用は40～50万円、大手企業なら黙っていても人は集まりますが、知名度のない企業ならベテラン採用担当でも、1回のイベントに出て自社説明会に10人呼び込むのは至難の業。参加費が無駄になることも多いわけです。対して、集客の外部委託は、1人集めるのに1万5000円ほどかかりますが、10人集めて15万円。比べてみると、確実に10人集まる外部委託はコスト安だとわかるでしょう。

大切なのはペルソナが決まっているということ。依頼時に「〇〇大学出身、体育会系、いろいろな場所に行くことをためらわない人」など、委託時にペルソナを伝えられれば、採用できる可能性がかなり高い人たちを集められます。

近年、イベントに参加して自分たちで説明会参加者を集める「ダイレクトリクルーティング」が主流になっていますが、採用担当者の多くは、ますます増える負担に疲弊していました。効率のよい採用フローとは言い難いものになってきました。これまでとは逆の発想で、ペルソナがいそうな場所に狙いを定め、オンラインも駆使しながら「取りに行く採用」に切り替えていきましょう。

［第16の法則］

コンセプト（スローガン）に紐づけて話せ

採用イベント、説明会、面接で直接、応募者候補や応募者に会うときに、一番伝えなければならないのは、コンセプト（スローガン）です。これを伝えることの重要性は、会社の理念・価値観に共感してくれる人材を発掘し、内定承諾へ向けて口説いていくことにあります。賛同する同志を見つけることこそ採用の意義であり、会社存続の要だからです。同時にコンセプト（スローガン）に響かない人を振り分けることも、同志を見つけることに匹敵する重要なことです。

コンセプト（スローガン）を伝えたうえで興味を持ってもらえなかったら、その時点でお別れしたほうがお互いに幸せです。見込みのない人に労力と時間を費やす採用担当者は疲弊するばかりで、いいことがありません。コンセプト（スローガン）がしっかりとあれば、それを投げかけた段階で双方が判断でき、無駄を省けます。その分を採用確率の高い人に費やせば、採用の効率化が図れます。

少しでも興味を持ってもらえたら、次は自分の体験談を用いて具体的に話していきます。もちろん、体験談はコンセプトに基づいていることです。例えばあなたの会社が、「チャレンジ精神をおしまずに発揮できる環境づくりを目指します。高い難度での仕事もできます」というコンセプトを掲げているなら、そこに根ざした実体験を話すということです。

コンセプトを軸にして「自分のやりたいことができる会社なんだよ」と伝え、「本当ですか！」と興味を持ってもらえたときには、「実は自分もこういう体験をしてね。会社の制度としてそうさせてくれるんだよ」とコンセプトに紐づけて話します。

採用担当者の体験はそれぞれ違うため、話す内容は違っても「チャレンジ精神を発揮できる」という点に基づいて話していれば伝わっていくメッセージは一緒なのです。聞き手の中で統一された企業イメージがつくられていきます。

コンセプト（スローガン）という軸を持った採用活動は、本質的な採用方法です。採用担当者によってイメージが違った、入社後のイメージが聞いていたものと違うなど、応募者とのすれ違いを防ぐのは、コンセプトに紐づいたコミュニケーションを図ることです。

採用フローを経て、採用担当者、課長、部長、社長と、会う人が変わっても、一貫性のあるコミュニケーションが会社から応募者に対して行われていれば、企業イメージは醸成され、価値の蓄積がなされます。

社員自身が理念に共感し、コンセプトに基づいているから、「失敗しても仲間のフォローで乗り切れた」「大きな仕事を早くに任された」など、具体的な話は説得力を持ったアピールとなります。イメージがついていくことで口コミが生まれ、認知度も高まっていくのです。

口コミの効果については、2012年にcited in Lee・Son&Leeの研究により「口コミの説得力は新聞広告の7倍、対面の営業の4倍、ラジオ広告の2倍」ということがわかっています。つまり口コミを誘発することは、最良のコミュニケーションといえます。社員みんなで取り組むからこそ、説得力が増すのです。全社というチームで取り組みましょう。

［第17の法則］
理念共感が活躍人材をつくる

母集団至上主義では、採用担当者は母集団の数や採用人数で評価されるため、採用した人が定着したかを追跡するまでの責任を負うことはありませんでした。神戸大学大学院教授・服部泰宏氏の著書『採用学』（新潮社）でも、「日本の採用担当者は、意識の上では、入社後の業績や離職など、採用活動終了後（入社後）に顕在化する成果にまで配慮した上で業務を行っているのだが、それらが実際に担当者の責任として問われているわけではない」と結論づけています。

会社の評価は、社員へのメッセージです。いくら理念や価値観にマッチする人材を採用しようと頑張っても、母集団や採用数だけが評価の対象になれば、おのずと担当者の意識はそこへ向かいます。そうなると、採用ブランディングにはなりません。これは現場の採用担当者だけではどうにもならないことです。どうか経営者のみなさんには、この点を理解したうえで評価していただきたいのです。

数合わせの採用では、理念への共感度が低いため、働き出した直後に会社とのミスマッチが判明し、退社することがあります。「活躍人材を獲得する」という採用の本来の目的とはかけ離れた結果になりがちです。母集団至上主義の採用では、こうした負のサイクルを止めることができませんでした。

この負のサイクルを止めるには、採用のあり方を一変する必要があります。採用が会社にとってどれだけ大切か、経営者自身がその重要度を認識し、数合わせの採用から理念共感採用へ舵を切り替えていくことです。

採用ファースト、理念に共感する人材を採用しようと考えられる経営者であれば、理念・価値観に見合った人が現れるようになり、そうして入社した人たちは教育しやすく、活躍人材となっていきます。採用できるサイクルが生まれるのです。

44ページで示した調査では、「採用時に理念共感している人は、会社への愛着度が高まりやすく、現在、理念・価値観に共感している人は、将来活躍するイメージを持っている」という結果が出ました。それらと採用ブランディングで行う理念共感採用の流れをまとめると、次のような図式になります。

芋づる式に好循環が起こる仕組み

=

理念価値観に共感した人を採用する

↓採用の段階で理念への共感があるから、教育しやすい
↓会社への愛着がより高まる
↓活躍するイメージを持てる
↓活躍人材になりやすくなる

採用好循環サイクルを逆にたどれば、活躍人材を生み出すには、理念共感による採用をすればいいことがわかります。理念に共感した人材は活躍人材になり得る存在です。理念共感採用で会社の宝を発掘し、活躍人材へと育てましょう。

［第18の法則］

社長は最大の差別化要因

社長には意識改革が必要

未来の活躍人材をつくるためには、採用の時点で理念共感が必要です。その理念を一番伝えられるのは、社長です。創業社長ならなおさらです。「なぜこの会社をつくったのか」「会社の成り立ち」「創業時の想い」「重ねてきた苦労」――そんな話を熱く語れるのは社長だけです。「この会社で何をしたいと思っているのか」「そのために、今はこういう戦略をとっている」と、最前線で今と未来を誰よりも強く発信できるのも社長です。

採用には理念を伝えられる人が必要不可欠。それなのに、理念を最も語れるはずの社長が、採用に関与していないケースが実に多いのです。採用は人事に任せっきりで、「一緒に働くのは自分じゃないから、みんながいいと思う人を採用すればいいよ」という言葉は、経営者からよく聞きます。多くの社長は採用と営業などの現場は別と考えています。採用の優先順位が低いのです。

「なぜ優秀な人が集まらないのだろう」と嘆く経営者には、採用を最優先事項にしてくださいと伝えています。当たり前ですが、優秀な社員になる人も採用で入ってくるのです。

社長が同志を束ねていく

採用とはそもそもなんなのでしょうか。副業が広がり、フリーランス化が進んできた今、企業がなんのためにあるのかを考えなければなりません。

多くの企業が、社員だけではなく、社内外からフリーの人たちが集まる場になっていくでしょう。企業はますますコミュニティ化していき、それでもその企業に属する理由があるとすれば、理念に共感するからという究極に近づいていくことは必然の流れです。

また、フリーランスの集合を束ねるには、プロジェクトの軸になる社員が必要です。だとすれば、正社員の採用は「同志を見つけるための活動」そのものになっていくはずです。

同志になってもらうには企業が掲げている理念や価値観に共感してもらわなければなり

ません。そして、理念・価値観を最も伝えられるのは社長です。社長が採用活動にコミットすることで、優秀な人材、同志を見つける確率を各段に上げることができるわけです。

社長は説明会で必ず話す

大手企業で社長が採用活動に出てくるケースはわずかしかありません。本人が忙しいうえに、人材がいるので任せてしまえるのです。大手企業や有名企業は、ある程度のブランドイメージが応募者の脳内にあるため、社長自ら理念を伝えなくても優秀な人材を集め、獲得することができます。

しかし、知名度の低い中小企業は同じ手法は取れません。だからこそ、社長が説明会に出ていく。逆に、これは大手にはできない差別化となります。事実、社長が毎回説明会で話しているある中小企業では、大手の内定を蹴って入社する「ジャイアント・キリング」が起こるのを、採用ブランディングで携わる中、幾度となく目の当たりにしています。

会社のことを誰よりも熱意を持って語れる社長は、採用活動のキラーコンテンツです。応募者の心に響く言葉を届けられる、実は採用に最も力を発揮できる存在なのです。

［第19の法則］

内定直前の理念共感度で決まる

理念共感度で内定者承諾が決まる

説明会などでアンケートを実施している企業は多いのですが、人数や男女比、所属大学など、数値化しやすい定量的なフィードバックだけが活用され、「理念・価値観に共感しましたか」「社員・役員の魅力度は？」など、項目があったとしても、こうした一般的には数値化が難しい定性的なフィードバックは活用されていないのが現実です。

当社で異なる業種15社で、新卒内定者が内定時点で感じている魅力度を調査しました。すると、内定時の理念共感度と内定後の辞退の確率の相関関係が見えてきました。

判明したのは、内定を出す直前で理念・価値観が5段階調査でマックスの5になっているかが内定承諾の分かれ目になっているということです。5になっていないと断られる確

図15　新卒内定者が内定点で感じている魅力度

■採用がうまくいっている企業

←魅力を感じる　　　　　　魅力を感じない→

	5	4	3	2	1	計
(1) 企業ビジョン・価値観	75%	25%	0%	0%	0%	32人
(2) 戦略・戦術	43.8%	37.5%	18.8%	0%	0%	32人
(3) 仕事内容	37.5%	56.3%	6.3%	0%	0%	32人
(4) 社長・役員の魅力	96.9%	3.1%	0%	0%	0%	32人
(5) 社員の魅力	90.6%	9.4%	0%	0%	0%	32人
(6) 人事担当者の魅力	71.9%	25%	3.1%	0%	0%	32人
(7) 会社の雰囲気	65.6%	31.3%	3.1%	0%	0%	32人
(8) 福利厚生の充実度	9.4%	21.9%	62.5%	6.3%	0%	32人
(9) 昇給・昇格	21.9%	21.9%	50%	6.3%	0%	32人
(10) 研修体制	43.8%	25%	31.3%	0%	0%	32人
(11) オススメ度	62.5%	37.5%	0%	0%	0%	32人

■人数は取れるが、離職率が高い企業

←魅力を感じる　　　　　　魅力を感じない→

	5	4	3	2	1	計
(1) 企業ビジョン・価値観	53.3%	33.3%	6.7%	0%	6.7%	15人
(2) 戦略・戦術	33.3%	46.7%	13.3%	0%	6.7%	15人
(3) 仕事内容	53.3%	26.7%	13.3%	0%	6.7%	15人
(4) 社長・役員の魅力	46.7%	33.3%	6.7%	6.7%	6.7%	15人
(5) 社員の魅力	40%	40%	6.7%	6.7%	6.7%	15人
(6) 人事担当者の魅力	73.3%	13.3%	6.7%	0%	6.7%	15人
(7) 会社の雰囲気	66.7%	20%	6.7%	0%	6.7%	15人
(8) 福利厚生の充実度	40%	13.3%	40%	0%	6.7%	15人
(9) 昇給・昇格	40%	40%	13.3%	0%	6.7%	15人
(10) 研修体制	26.7%	40%	26.7%	0%	6.7%	15人
(11) オススメ度	46.7%	40%	6.7%	0%	6.7%	15人

※当社調べ

率が高いという結果になりました。戦略・戦術、仕事内容も理念から派生した項目となりますので、ここにも5以外がある場合は、辞退する可能性があることもわかりました。

逆に理念、戦略、仕事内容の3点への魅力度が高い場合、内定辞退はほとんどありません。採用フローの段階を経て、内定まで来たときに理念共感がマックスになっているかで、承諾か辞退かが決まるのです。

内定を出してしまった途端、企業は弱者になります。主導権は一転して応募者に移り、「断られてしまうかも」と内心ひやひやしているものです。しかし、こうした一か八か、内定出しがギャンブルのような採用は本質的な採用がなされていない証明です。

理想は、内定を出す段階で「必ず御社に行きます」と言ってもらえること。そのためには、採用が募集の段階を経るごとに、自社の魅力が高まっていく設計になっている必要があります。

理念共感採用なら、応募の段階から共感度の高い人が集まり、採用活動中の教育課程を経ることで、内定を出す前の確認では「うちは理念共感ができていない人には内定を出さないんだよ」とまで言えるような関係性を築くことができます。内定時に、理念共感レベルがマックスとなり、承諾は確実と言えます。

入社の決め手が「採用担当者の魅力」では失敗する

魅力度調査でわかったことは、一番最初に上昇する指標は「採用担当者の印象や魅力度」、次いで「会社の雰囲気」でした。そして、理念、価値観、戦略という順番で続いていく傾向があります。

「採用担当者に好感を覚えたから」「採用担当者と一緒に仕事がしたかったから」という声は採用担当者には嬉しいものです。入り口としては採用担当者の魅力というのも大事でしょう。しかし多くは「採用担当者の魅力を感じた」だけに留まってしまい、そこから社長、役員、会社の雰囲気、理念・戦略の魅力を感じるところまで行き着くことがありません。

ほとんどの場合、採用担当者と一緒に働くことはできないので、理念共感のない承諾は、入社後のミスマッチにつながってしまいます。また、経営視点で見れば、そのような担当者を異動させてしまえば、採用の再現性もなくなる恐れがあるので、簡単に異動させることができません。

そうなると、その担当者のキャリアの問題も出てきます。本人が採用の仕事だけでなくほかの部署の経験もしたいとなれば、どのように対応していくのか考えなければなりません。その希望に応えられないと、最悪の場合、新たな経験を求めて転職してしまうかもしれません。

一見嬉しい「採用担当者が魅力的」という言葉ですが、アンケート結果にこの数字が表れたら、それは「会社の理念が魅力となるような採用にするには」と、社内一丸となって見直すサインです。

目指すのは、「採用担当者が素敵」という個人の魅力に依存するのではなく、「採用担当者から会社の理念が伝わってくるから素敵」と、誰と話しても会社の魅力が伝わる採用です。採用担当者が入り口のところで理念を伝えられる理念共感採用であることが、内定承諾、退職防止につながっていきます。

［第20の法則］

遊ぶだけではダメ。会社理解が深まるフォロー

内定から承諾までの期間が勝負となる

内定者のフォローは、理念が伝わることを中心に据えた採用活動では外せない重要な項目です。内定を出した後に断られるのは、企業として無念千万の思い。内定者を承諾まで持っていくためには、内定後のフォローを充実したものにする必要があります。

新卒採用では、個別にリクルーターを付けてフォローしている企業も多くありますが、グループや個別のレクリエーションイベントだけでは、内定者との連絡は単発的なものとなってしまいます。連絡をとる必然性がないフォロー形態では、10月までの長いフォロー期間中、内定者の心を掴み続けることは難しいでしょう。

そうこうするうちに、いつの間にか他社を受けて、超大手企業が内定を出す7月頃に内

定辞退の連絡がくるという流れをよく見てきました。優秀な学生には早い段階で内定を出す企業が多いのですが、7月いっぱいまで断られる可能性があるので注意してくださいとお伝えしています。内定辞退を防ぐには、フォロー中に何をするかが大切になってきます。

「学べるフォロー」にすれば離脱者は減る

多くの企業が陥っている、「フォロー＝懇親会」という発想だと、内定者だけのボウリング大会やバーベキューなど遊ぶだけになってしまいます。どの企業もやりがちな遊べるフォローでは、差別化を図ることができません。

先輩や内定者たちと仲良くする懇親会だけでは、内定者の心を掴んでおくことはできませんし、リスクも高いのです。たまたま隣に座った先輩社員が気の合う人だった、たまたま自分の憧れる生き方をしていたということがあればラッキー。しかし他社の懇親会でもっと気の合う人、憧れる人に出会ったならば、そちらに気が向いてしまうということもあるわけです。〝たまたま〟はコントロールできません。

内定承諾につなげるためには、「遊ぶフォロー」でなく「学べるフォロー」にすることです。
そのためには、次の３点を意識しましょう。
①ケーススタディ型で会社理解を深めてもらう
②課題を出し、進捗状況の報告を連絡してもらう
③どの社員が話しても、正しいブランド意識を連想できるようにする
次に、この３つを解説していきます。

ケーススタディ型で会社理解を深めてもらう

採用ブランディングでは、フォローにケーススタディ型をとり入れることをおすすめしています。これはビジネススクールでとり入れられている方式です。よくあるのが、そのときの経営状況や社長の思考回路や動き方、考えている打ち手などをストーリー仕立てで記したもの。それを元に、学生は自分ならどうするかを考え、発表し合い、経営を疑似体験します。

これを採用でも応用し、まずは自社独自のケーススタディをつくっておきます。自社の

エポックメイキングになった事業がどのような背景ででき、そのとき社内でどんなことを話し合って、どんな戦略をつくり上げたのか。それらを文章にして、A4サイズ2、3枚にまとめておきます。

それを採用フローのどこかで使い、同じことを応募者に考えてもらい、できれば発表してもらいます。理想的には、ケーススタディは3つ用意しておくといいでしょう。なぜなら、インターンシップ、説明会（選考途中）、フォローと、3つの段階で使い分けができるからです。

私たちが採用ブランディングをサポートした税理士法人では、実際にきた案件をケーススタディとして「あなたならどう対応しますか」と考えさせるフォローを実施しました。解決法を考えさせるフォローによって、内定者はすでに社員であるかのように感じることができますし、自分事として考えてもらうことで、会社の理念・価値観が伝わり、内定者の会社理解が深まったのです。

ケーススタディは5人から10人のチームで進めるとよいでしょう。内定者間のコミュニケーションも必然的に高まります。できれば1グループに1人、メンターとして社員をつけて行うと、社員とのコミュニケーションも定期的にとることができます。

ケーススタディ方式の利点は、次のようにいくつもあります。

①会社理解が深まる

応募者が自社のことを調べ、社員になったつもりで考え、さらに発表まで行えば、頭の中の整理にもなり自然と会社理解が深まります。

②メンバー同士の結びつきが強くなる

グループで行うことで、メンバー同士の結びつきが強まります。内定者フォローで行うと、この点が顕著です。

③参加者の満足度が高まる

発表後に、必ず社長や事業責任者が「自社はどんな考えでやったのか」を語ることで、参加者はプロのリアルな思考回路に触れられるので、満足度が高まります。

④理念・価値観がリアルに伝わる

フィードバックをするときに、自社の理念や価値観を踏まえて語ることで、ケーススタディを考えた応募者にリアルに伝わります。

⑤どこまでも差別化

ケーススタディを自社でまとめるのは大変なので、実施している企業はごくわずかです。

今後、ケーススタディを行う企業が増えても、自社の事業を土台にしている限り、永遠に差別化になります。

このようにケーススタディを採用フローで行うことは、いいことづくしです。新卒採用では、内定者フォローで食事会やレクリエーションを行う企業が多いのですが、ケーススタディと絡めることで、効果が高まるでしょう。逆に、食事会やレクリエーションだけだと、多くの企業がやるのであまり差別化にならず、志望度が高くなければ、そこに参加することさえ面倒になるものです。

来てくれる内定者にも学びになるケーススタディは、行動を起こさせるいいツールにもなります。

課題を出して進捗状況の報告を連絡してもらう

例えば1回目のフォローで出た課題の発表を持ち帰ってもらい、その間に電話やＬＩＮＥで「今、どこまで進んでますか？」とすでに共に仕事をしているかのように連絡をとることで自然と一体感を醸成できます。

ケーススタディを一旦持ち帰ることで、内定者は次のフォローまで課題への意識を継続することになります。解答作成のために時間をとることで、会社理解度が深まり、社員と定期的にコンタクトをとることで信頼感が増します。

時間のインターバルを上手に利用し、普段の仕事の状況をフォロー中からつくっていくのです。会社で働くことへのリアリティが内定者に自然と生まれ、フォローの段階から会社の一員という自覚が芽生えるのです。

どの社員が話しても正しいブランド意識を連想するようになる

これは採用に関わる社員の心構えです。

入社の決め手を聞いたアンケート上位には「あの先輩に惹かれました」という項目が必ず入ってきます。しかし、入社の決め手を個人に依存するのは、会社そのものに惹かれたわけではないため、入社後のミスマッチにつながりやすく、むしろ危うい決め手なのです。

実際、入社後にその先輩と働ける可能性は低いわけですから、入ってみたら一番したかったことができない現実に直面し、働くことに意味を見出せないということにもなりかねません。

フォローもこれと同様で、たまたま懇親会で話した社員の人がよかったから、内定承諾したというのは運任せの採用で、これはのちのちのミスマッチにつながります。たまたま自分と合わない社員だったら承諾しないかもしれません。

採用の決め手を個人の人間性や話術に頼るのは、採用の構成の甘さの表れです。どの社員と話しても、個々の体験や話しぶりが違っても、企業理念が伝わっていくように準備することが大切です。

採用に関わる社員全員が理念を共有し、コンセプトに紐づけて話す。採用ブランディングの基本を守っておくことが大切なのです。この状態になっておけば、誰が隣に座っても一様のメッセージが内定者に伝わっていきます。内定承諾へ導く絶好の機会です。

こうして考えていくと、内定者フォローをただの遊び場、飲み会にしてしまうのは実にもったいないことです。

内定者を巻き込むフォローに

ケーススタディのほかにも、

・来年度の採用プランを企画してもらう
・来年度の説明会を企画、実行してもらう
・来年度の説明会で内定者に登壇してもらう
・入社１年目の人、内定者にフォローで話してもらい、次は自分の番だと自覚してもらう

などをフォローとして組み込んでいくのもアイデアのひとつです。

これらは、次期の応募者に対して説得力を持つものになるはずです。採用フロー全体に内定者を巻き込んでいくことはすでに社員である認識となるため、内定承諾の可能性は確実に高まります。内定者を巻き込むことをしていない企業が非常に多いので、差別化になること間違いなしです。

懇親会自体は無駄ではありません。会社理解を深めたうえでのフォロー後の懇親会は、十分意味のあるものです。フォローと懇親会は別物として、「学べるフォロー」を構築しましょう。

［第21の法則］

経験値不要であれば新卒を狙う

中途採用の募集媒体を見ると、「年収800万円以上、教育体制あり、福利厚生充実、土日祝休み」など、条件訴求をしている企業が多く見受けられます。そして多くが「未経験者大歓迎」を掲げています。

私は、中途採用で未経験者OKかつ就労経験が浅い20代の若手も歓迎の企業ならば、新卒採用も併用していくことをおすすめしています。新卒採用には、

①ナビ媒体掲載・イベント参加
②セミナー、説明会開催
③面接（1次、2次、最終と合計3回ほど）
④内定者フォロー
⑤内定式

という手順を踏まなければならず手間がかかるため、二の足を踏む経営者が多いのです。

一方、中途採用は早ければ1~2週間ほどで採用となります。転職する人は年間380万人。市場があって短期間で採用できるなら、新卒よりも中途採用と、どうしても考えがちです。中途採用のほうが経験もあり、社会人としての教育が必要ない、また思い立ったときに採用活動を開始できる手軽さもあるでしょう。新卒だと翌年の4月まで入社を待たなければなりません。しかし、経験があるといっても、結局その企業の文化に馴染めなければ、そのスキルを発揮することはできません。

例えば、転職者にとって前職であれば採用される企画書でも、自社ではとおらない場合もあるでしょう。さまざまな図を用いたパワーポイントではなく、ワードファイル1枚で簡潔に書かなければならない、などの作法があるかもしれません。また特殊な技術を要する企業でも、その手順、発想法、やりかたが異なる場合はたくさんあります。そのこまごまとした文化に馴染まなければ、本来のスキルは発揮できないのです。

そして多くの人が指摘しているように、企業側から見れば、以前の会社の文化を払拭させ、自社の考え方に馴染むようになるには時間がかかるものです。もちろん、異なった考え方を歓迎する意思はどの企業にもあるでしょう。異分子が新たなイノベーションを生むことは、経営学でも再三指摘されてきているところです。

しかし、企業文化に馴染まない中で、これまでと違ったアイデアを出したとしても、それが受け入れられることはそう多くはありません。だから中途採用で入社した人のスキルを早期に発揮してもらうためには、企業文化にいかに早く慣れてもらえるか、というところにフォーカスする必要があるのです。

一方新卒社員は、社会人としての最低限の作法を学び、仕事に慣れるのに時間がかかりますが、文化に馴染むのは、社会人経験がない分だけ早いでしょう。ですから、専門的なスキルを重視せず、20代の若手が欲しい、という企業ほど、新卒も併用することで、採用の確実性を上げていくことができるのです。

採用ブランディングは中途採用でももちろん効きますが、新卒採用のほうがよりレバレッジが効きやすい側面があります。転職の場合、家族がいることもあるので、働く地域、給与、休日など、いわゆるスペック的な側面の比重が新卒採用よりも高いのです。ですから、どうしても人が欲しい企業は、併用するに越したことはないのです。

今一度、自社の求める人材像を見直して、新卒採用のほうが採れるのでは？　と可能性の幅を広げてみてください。

第5章

「5つのポイント」だけで心を掴むサイトがつくれる

卓越した制作物は採用を成功へ導く

すべての制作物は1つのコンセプトでつくる

［21の法則］の過程を経て採用を組み立てていくことが〝採用ブランディング〟の全貌でした。理念、コンセプト、採用基準、ターゲットのペルソナを深掘りして明確化し、土台ができてはじめて、その会社〝らしい〟採用フローを構築できます。

［第13の法則］採用の各施策を連動させる、でお話ししたように、採用ブランディングの考え方でいえば、制作物を含むすべての施策は、コンセプト（スローガン）が一貫していなければ意味がありません。HP、パンフレットの制作物に限ったブランディングという発想は、本質的な採用ブランディングではできないのです。ですから、制作物までを含めて採用ブランディングの会社に任せる、あるいは自社でそれぞれの制作会社に依頼する場

合は、採用マネージャーが一貫性を保つようにマネジメントしていくことが不可欠です。

しかし現状では、制作物ごとに別の会社に依頼するのが通例であとは全部お任せというのがほとんどです。採用担当者が制作物の一貫性を統括することはないに等しいでしょう。

制作会社が自社の制作スタンスとして、「採用ブランディングを行えます」と簡単に表明しているところも多く、採用ブランディングの概念が広まるにつれて、例えば、「映像ブランディング」や「ホームページブランディング」など、ひとつの施策だけを指して「採用ブランディング」と掲げられるのは残念なことです。各施策はあくまで「採用ブランディング」を構成する一要素なのです。

実際、私たちのところにも制作物だけの依頼が来ることもあります。「採用ブランディングの戦略構築から一貫させたほうが効果はより出ますよ」と伝えますが、制作物だけの依頼も引き受けることはあります。

そうした場合、理念・価値観や戦略的な要素は加味しないのかというと、そんなことはありません。ヒアリングという形ですが、クライアントから情報を引き出し、効果を出すための設計図を描いて制作するので、ＨＰやパンフレットの制作物だけの依頼に対しても、採用できる人の質の向上、採用人数の増加などの効果を出すことができます。

では、効果の出る制作物とは一体どのような視点でつくられているのか。ここでは私たちが日々実践している「採用結果に劇的変化をもたらす求人メッセージ制作の秘けつ」をあますところなく紹介していきます。

ここまで理解してくださった皆さまは効果的な制作物をつくる土台ができています。「一瞬で心を掴むトップ画面のビジュアルとメッセージ作成ポイント」「最後までスクロールさせるコミュニケーションスキル」を身につけて卓越した差別化を図っていきましょう。

求人広告や採用ＨＰを例として挙げていきますが、この考え方はすべての制作物に活かせるものなので、そのつもりで読み進めてください。

効果の出る制作物には5つのポイントがある

制作物が単体でも効果を出せるのはなぜか。その理由は「効果の出る制作設計の要素」を満たしているからです。その要素とは次の5つです。

①理念や価値観を踏まえてコンセプトを明確にすること
②ターゲットをつくること

③コンセプトを踏まえたコピーを考えること
④コミュニケーションの順番を間違えないこと
⑤デザインクオリティを高めること

結局は、採用ブランディングの戦略構築とほぼ一緒の内容を、どう踏まえて表現していくのかがとても重要になります。

やみくもに制作したところで効果は期待できません。「なんかカッコいいもの作ってよ」と漠然と無茶振りする経営者もいますが、コピーやデザインのクオリティが高くても効果をもたらすことはできません。５つの要素すべてを加味して制作することで、初めて効果を出せるのです。よい制作物とは、ただカッコいいだけでなく「経営としてしっかり機能するもの」だと定義しています。

次項では、よくある採用ページの例をもとに、効果の出ない制作物になってしまっているのはなぜなのか、直すべき箇所はどこなのか、赤ペンを入れながら具体的に示していきます。５つの要素の視点を持って見ていきましょう。ご自身の採用ツールに照らし合わせて、改善点があれば参考にしてみてください。ここでは、架空の会社を想定し、募集媒体での表現にチェックを入れていく形でポイントを解説していきます。

ケース①

その会社〝らしさ〟が表現されていない

1つのページが見られるのは平均でわずか10秒足らず。最初のページで「強くて、好ましくて、ユニークな」イメージを抱いてもらえなければスクロールされず、その後は読んでもらえません。曖昧な言葉の羅列では、それに続く情報を見てもらうことすらできないのです。デザインのクオリティの高さはもちろんですが、トップの画面に必要なのは、

・明確なコンセプトをスローガン化する

・そのスローガンを表明する

ことです。この考えから、まずある会社のトップ画面を見てみましょう（図16）。

図16　スローガンに“らしさ”のないトップページ

※架空のページです

ここに赤ペン！❶「スローガンに〝らしさ〟がない」

トップページにある「最高の人生を、共にはじめよう。」――これがスローガンだとすると、この会社〝らしさ〟がどこにも感じられない言葉になっているのがおわかりでしょうか。どの会社にでも当てはまる言葉は、誰にも響かない言葉です。会社の理念・価値観がまったく感じられないのです。

「最高の人生」とはなんでしょうか。そこにまったく具体性がありません。何をもって最高というのか、会社はどのような最高を社員に提供できるかが書かれていてこそ、この会社にしかない価値が見る人に伝わっていきます。

例えば、「5年前に描いた夢の80％を社員全員が達成」というネタがあるのだとすれば、それをスローガンに落とすことが、一番この会社の〝らしさ〟を言い当てていることになるかもしれません。

スローガンは巷に溢れています。そのほとんどは口当たりのいい言葉です。しかし、そのような広告のほとんどは大手の企業広告か、知名度の高い商品広告です。それらは知名度が高く、広告の出稿量も多いので、ある意味何を言ってもOKな状態なのです。しかし、無名の企業が、口当たりのいい言葉だけを並べてもまったく効果はありません。ましてや採用は求職者の人生がかかっている場なので、軽い言葉だけで人は動かないのです。

だからこの会社の場合は、社員が最高と感じることは具体的にどんなことなのかを、しっかりと言葉にする必要があるのです。

ここに赤ペン！❷「事業内容に〝らしさ〟がない」

事業内容に書かれている「成長企業」「お客様視点で、ぴったりのライフスタイルを提供」「公正な評価、報酬」の言葉。これらもすべて、どの企業も口をそろえて言うセリフです。

そこで次のように改善してみます。


「成長企業」→「〇年で〇％の成長率」

「お客様視点で、ぴったりのライフスタイルを提供」→「いずれは二世帯にしたい、二拠点生活を視野に入れているなど様々な要望に対応。ファイナンシャルプランナーでもある社員が疑問にお答えします」

「公正な評価、報酬」→「売上の50％還元」

このように具体的に表現することで、見ている人により具体的なイメージを持ってもらえます。

「最高の人生を、共にはじめよう。」なら、事業としてどこが最高だと思っているのか、それを明示しなければ一貫性は出てきません。

ここに赤ペン！❸「数字と場所を具体的に」

（図17）見出しの「20代で責任者に抜擢！　新入社員の7割は役職につきます」は具体的でイメージが湧きやすいですね。でも、もう一歩です。内容をチェックしていきましょう。

「20代で責任者に抜擢」「フットサルをする」「毎年海外へ社員旅行に行っています」

——これらの表現にも「何歳で？」「どこで？」「どこへ？」と問いを投げかけ、特定の情報を掘り起こしていきます。

「20代で責任者に抜擢」→「23歳女性が部長に」

「フットサルをすることもあります」→「フットサルを主に渋谷のコートで開催。次回は信濃町で！」

図17　具体性のない自社説明

社風・風土

赤ペン❸

20代で責任者に抜擢！新卒社員の７割は役職につきます

当社では、年齢や学歴関係なく、結果を出した人を評価します。実際に20代で役職につき、マネジメントまで行っている社員も多いです。

基本的にチームで動くことが多く、入社して半年ほどは上司が商談にも同席し、しっかりフィードバックまで行います。

仕事以外でも仲が良く、休みの日に集まってフットサルをすることもあります。また、毎年海外へ社員旅行に行っています。

仕事内容

赤ペン❹

お客様の人生に寄り添うから、感動が生まれる

お客様が住まいに求めるものは、一つではありません。お子さんと住める家、二世帯で暮らす家、一人で静かに過ごせる家、そのさまざまなニーズに対し最高の提案をするのが、我々の仕事です。そのために日頃から情報収集を欠かさず、引き出しを増やしています。

お客様の人生の節目に立ち会える、やりがいのある仕事です。

企業理念

赤ペン❹

人生のパートナーとして、夢のような暮らしを提供する

当社は、常にお客様の気持ちに寄り添い、さまざまな住まいを提供してきました。「子供が遊べる庭がほしい」「両親と一緒に暮らせる家にしたい」などお客様それぞれの想いに応えています。ただ家を提供するだけでなく、その際のライフスタイルまで提供することで、人生のパートナーとして寄り添い続けていきます。

※架空のページです

「毎年海外へ社員旅行に行っています」→「昨年はシドニー。今年はＮＹへの社員旅行が決定」

このように数字と場所を限定すると、一気に魅力が増してきます。

同じ20代でも、29歳でリーダーになるのと、23歳で部長になるのとでは、まるでインパクトが違います。具体的にすることで、自社に特徴的な事例として、応募者に強い印象を残すことができるのです。

ここに赤ペン！❹「社員が体験したエピソードを書く」

「お客様の人生に寄り添うから、感動が生まれる」

「常にお客様の気持ちに寄り添い、さまざまな住まいを提供してきました」

これもまた、どの不動産会社にも当てはまる言葉です。一般論で書いてしまう会社が本当に多いのですが、その会社にいる社員にしか体験しえない、お客様とのエピソードが必ずあるはずです。それをどうして書かないのか。もったいなく実に歯がゆい思いです。この部分には、ぜひ社員の方が仕事を通じて得た体験を盛り込んで、「感動」が具体的に伝わるエピソードにしてほしいものです。

「生まれた感動って、一体どんな感動だったの？」
「気持ちに寄り添った住まい提供って、どんな家族のどんな物語がそこにあったの？」

このように問いかけて個人の具体的なストーリーを掘り起こしていきます。その人にしかないエピソードには、読む人に真っすぐ伝わっていく、きらりと光る言葉があるものです。

「弊社〇〇は〇〇のような想いを抱えていらっしゃるお客様に、〇〇のような提案をさせていただき、……」というような１５０字ほどのミニストーリーにしてみてください。応募者が自分が実際に働いたときには、こんな感動体験ができるんだと希望を抱けるものになるはずです。

ここに赤ペン！❺「コンセプトを補完するという考え方に」

（図18）こんな仕事をしていただきます
「新築分譲のマンションや一戸建て住宅の販売業務全般」

図18　コンセプトの感じられない仕事内容

みなさんにはこんな仕事をしていただきます

□新築分譲のマンションや一戸建て住宅の販売業務全般

□お客様のニーズの収集からコンサルティングまで

□中古住宅のリノベーション販売

赤ペン❺

※架空のページです

「お客様のニーズの収集からコンサルティングまで」
「中古住宅のリノベーション販売」

これだけでは、仕事内容だけの羅列で終わってしまいます。この仕事をしたことでどう人生が最高に変わったのかを、スローガンに刻み込んでいくように加えていきましょう。

例えば、「入社2年目でベンツを買いました」
「年齢=彼女いない歴の私が、社交的になれて今ではモテ男に」などインパクトある先輩の「人生が変わった」事例があると伝わりやすくなります。

図19　よくある採用の流れ

●エントリーに関して

まずはこのページからエントリーしてください。

●説明会

エントリー後、説明会の案内をメールにてご案内します。

●内定までの流れ

会社説明会
↓
適正検査
１次面接（グループ）
↓
２次面接（個人）
↓
最終面接
↓
内定

赤ペン❻

※架空のページです

「入社2年目でベンツを買いました」が響くのは早く活躍したい向上心の高い人でしょうし、「社交的になれる」ことに魅力を感じるのはコミュニケーションに自信のない人でしょう。

ターゲットを明確にし、そこに響く言葉を社員の実際の声で届けていきます。社員の言葉で、企業コンセプトを補完するという考え方が必要です。

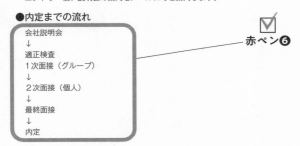

ここに赤ペン！❻
「採用の流れが紋切り型」

採用の流れ、スケジュールの項目は、どの企業も同じです。ここで差別化を図れるとは思ってもみない箇所なのです。だからこそ、選考フローがコンセプトに基づいて、会社オリジナルの構成になっていたら、大きくリードすることができるわけです。

あるラーメンチェーンを展開する会社の採用ブランディングでは、選考フローにラーメンを食べながら説明会に参加する「ラーメン説明会」を実施して大成功しました。コンセプトを明確にしていれば、こうしたユニークな採用フローを提示することができるのです。

この不動産会社なら、コンセプト「最高の人生を、共にはじめよう。」に紐づけて、「プレゼン選考あり！　あなたの人生が変わったという経験を話してください」などと記載されていたら、他社とは違う選考内容で惹きつけることができるでしょう。

採用ページのすべての接点で「強くて、好ましく、ユニークな」イメージを付け、スクロールしてもらうごとにイメージが膨らんでいくように作り込んでいく必要があります。

ここに赤ペン！❼「具体的だけど統一感のない内容」

「当社は人間関係の良さが自慢です。社長が突然営業フロアにやってきて、『甘いもの食べて疲れ吹き飛ばしてね』とお菓子を配るなんてことが頻繁にあります」

これまで、すべての項目で具体性に欠けていたところに、いきなり情景が浮かぶほど具

図20　統一感のない自社紹介

人間関係の良さが自慢

当社は人間関係の良さが自慢です。社長が突然営業フロアにやってきて、「甘いもの食べて疲れ吹き飛ばしてね」とお菓子を配るなんてことが頻繁にあります。チームワークが良く、頑張っている社員をまわりの皆で盛り上げています。先輩への相談もしやすく、風通しの良い環境です。

赤ペン❼

※架空のページです

体的な話が書かれています。具体的という面ではとてもいいのですが、「人間関係の良さ」を推したこのフレーズは「人生が変わる」というコンセプトにあまり関係がありません。あってマイナスになる情報ではないのですが、これを掲載するのであれば、「コンセプト（スローガン）」に関連する情報も入れておかなければ、一貫性は出せません。

　このようにひとつのサイトの中でもまったく統一されていないのは、根底であるコンセプトの明確化がなされていないことの表れです。

ケース②

曖昧でざっくり……具体性のない採用ページ

ここに赤ペン！❶「コミュニケーションには順番がある」

人がものごとを理解するには、順序立った話の流れが必要です。初対面なら名前を名乗る、文章だったら序章がある、採用サイトなら冒頭にスローガンがある。コミュニケーションには、相手の理解に配慮した順番というものがあります。

（図21）この銀行の求人情報ページは、スローガンや写真などのワンクッションがないまま、事業内容から始まっています。人はいきなり本題に入られると、その唐突さに違和感を覚えるものです。「この人、自分の言いたいことだけ押し付けてくるんだ」と、コミュニケーションに居心地の悪さを感じるでしょう。採用ページ上でもその心理は同じです。むしろ、挽回する機会も与えられないという点では、対人関係よりもシビアと言えます。

図21　曖昧な言葉が多出する求人情報

私たちはこんな事業をしています

採用銀行では個人から法人まで、お客様のニーズに対し、専門性の高い金融サービスを提供しています。

赤ペン❶

当社の魅力はここ！

戦略・ビジョン

赤ペン❷

自社にしかないポジションを持つ唯一無二の銀行

採用銀行は全国に18店舗を展開し、少数精鋭の行員がお客様のニーズに対し、専門性の高い金融サービスを提供している銀行です。他社にはない独自のサービスはお客さまやマーケットに評価され、社会に対して大きな貢献をし続けています。メガバンクや地域金融機関とも一線を画し、他の銀行にはないポジションを獲得しています。

採用方針

お客様に寄り添うパートナーバンクに

【求める人材像】自ら考え、主体的に動ける人。まわりをみて、チーム全体でコミュニケーションをとれる人。素直に学び、成長できる人をお待ちしています。

※架空のページです

ファーストコンタクトの段階で印象が悪ければ、その後を読んでもらえることはまずありません。スローガンをイメージ写真と一緒にトップ画面に置きます。そのあとで、企業理念と戦略を書きましょう。理念と戦略の2つは企業の骨子なので、外してはならない項目です。さらに赤を入れていくと、戦略の次に採用方針が書かれていますが、ここも展開が性急すぎます。「求める人材像」といきなり始まる内容は、企業側が応募者を「選ぶ」といった、上から目線の採用が依然として行われている印象を与えかねません。

応募者に興味を持ってもらうための意識改革と、コミュニケーションの順番の再構築が必要です。

ここに赤ペン！❷「曖昧な言葉のオンパレード」

「唯一無二の銀行」
「専門性の高い金融サービスを提供」
「お客さまやマーケットに評価され」
「大きな貢献をし続けています」
「他の銀行にはないポジションを獲得」

すごい銀行ということを表したくて並べた言葉ですが、これでは何をもってすごいのかが、まったくわかりません。曖昧な言葉の羅列にすぎないのです。

「専門性とは何を指してる」
「どうやって評価されたの」
「どんな貢献をしているの」
「自社にしかないポジションとは」

曖昧な言葉一つひとつに問いかけて、具体性を持ったものに変換する必要があります。

ここに赤ペン！❸「選考フローが雑すぎる」

ケース①でもお話ししたように、採用の流れは、どの企業でもほとんど変わりなく書かれているからこそ、差別化を図るチャンスです。この銀行では選考フロー欄はざっくり書かれすぎて、選考へのやる気がないのではないかと感じるほどです。

（図22）募集概要を見ると、入社の段階で能力と専門性でコースが分かれた募集形態をとっ

図22　雑な選考フロー

選考例	WEBプレエントリー 締切 未定	＞	エントリーシート 締切 4月	＞	説明会 3月	＞	面接 4月	＞	内々定 5月

赤ペン❸

求める人物像・選考基準

学歴は問いません。人物重視で採用いたします。

募集概要

職種　【全国総合職】
個人から法人まで、さまざまなお客様のニーズに対し、企画、営業、管理等をおこないます。
将来的にはマネジメントから経営に関わる業務まで担う役割まで期待します。

〈勤務地〉

全国本支店、海外支店

●オープンコース
〈配属部門〉

全部門・全業務

●グローバルコース
英語・中国語での高いコミュニケーション能力を持つ方、また法律、経営、ファイナンス分野の資格を所持している方。

〈配属部門〉

法人営業部門、海外事業部門、ファイナンス部門、マーケット部門

●デジタルコース
ITに関係する新規ビジネスに関心がある方。

〈配属部門〉

ウェブマーケティング部門

※架空のページです

ているのがわかります。この銀行ならではの募集形態なので、ここを活かさない手はありません。

ケーススタディを用意して、英語・中国語でどう対応するか、法律・経営・ファイナンスの知識でどう対応するか、ケーススタディ型の選考でもおもしろいですし、ITを活用した新規ビジネス企画立案に取り組みたい人の募集なら、新規ビジネスを作ってプレゼンしてもらう選考もいいのではないでしょうか。実際の仕事につながるような選考になると、採用ページの段階で突き抜けていき、差別化が図れます。

ケース③

印象に残らないデザインの採用ページ

☑ ここに赤ペン！❶「デザインの二流感」

無印良品
エルメス
マクドナルド
スターバックス

ランダムに名前を挙げましたが、皆さんの頭にはカラーやロゴ、実際の商品などのイメージが浮かんだのではないでしょうか。

無印良品＝モノトーン、シンプル、生活用品
エルメス＝オレンジ、高級、バッグ・洋服
マクドナルド＝赤、手ごろ、ファストフード、ポテト、ハンバーガー
スターバックス＝緑、スタイリッシュ、カスタマイズ、コーヒー、フラペチーノ

多くの人に一様のイメージを抱かせるのは、店内から商品、広告……隅々にまでコンセプトに基づいたデザイン設計がなされているからです。

デザインのクオリティが高いというのは、技術的な問題もありますが、その会社〝らしさ〟が一貫して伝わるデザインでなければなりません。コピーにふさわしいレイアウト、色、写真、フォントなど、デザインの諸要素が組み込まれてはじめて、コンセプトを表現することができます。

その視点で採用ページを見てみましょう（図23）。

まず、明朝体の白抜き文字、ゴシック、袋文字などフォントの数が多すぎます。文字のサイズも大中小が入り乱れ、文字列を途中でいきなり斜めにするなど、統一感のなさによって、見る人に違和感を与えます。コンセプトが明確でないために陥るデザイン構成です。

図23　二流感のあるページデザイン

※架空のページです

何を一番伝えたいのかわからないから、強調すべき言葉が決められない。ならば全部強調すればいいという発想に至った結果、このようなゴテゴテの作りになってしまったのでしょう。

次に写真ですが、社員の顔、働いている写真をイメージ写真として使う企業がとても多く、それ自体は悪いことではありませんが、「社員を出せば会社の雰囲気が伝わる」という安易な考えでは、差別化は図れません。意図のない社員の写真では社風を伝えられないのです。コンセプトもないまま社員の写真を使うと、笑顔が得意な人、仏頂面な人と、表情もばらばら。統一感どころの話ではなく、クオリティの低さを露呈してしまいます。さらに、１人だけ写真がぼけていたり、トーンもそろっていないため、クオリティがとても低いイメージ写真になっています。

ここに赤ペン！❷「ずば抜けた年収は掘り下げるべし」

採用ブランディングでは、採用時に陥りがちな年収や休暇などのスペック訴求をする勝負から脱し、理念での勝負に切り替えることこそ採用に勝つ道だとお話ししてきました。

この会社も給与訴求をしているのですが、「年収４０００万円を超え」（図24）は見たことのない給与訴求です。ここまで突出した数字を打ち出せるなら、これはもはや強みです。4000万円稼ぎだしている社員を中心において、「そこまで稼げる人がしている仕事の流儀」「4000万円稼げるようになるまでのストーリー」を掘り下げるなど、魅力的な採用原稿に仕上げられます。数字から紐解く社員の人物像により、その人が活躍する会社とはどんなところか、会社の理念・価値観、その魅力へとつなげていくことができるはずです。

この会社は、4000万円という数字を出しているものの、さらっと書いてあるだけで、強みを活かしきれていません。宝の持ち腐れにならないように、採用原稿を書くときに、せっかく破壊力を持つワードがあるのならば、具体的に落とし込むよう注意しましょう。

図24　掘り下げの足りない自社紹介

SAIYO不動産はこんな会社

目標を実現できる会社

たくさんの人がいればそれぞれ、人生のなかで実現したい目標、叶えたい夢があります。当社では社員一人ひとりの目標に寄り添いながら、ともに成長し続けていきたいと思っています。当社の社員は皆、高い目標意識をもって業務に挑んでおり、成績の高い社員は年収4000万円を超え、さらに高みを目指して取り組んでいます。人生の目標、夢を叶えるために、共に歩んでいきましょう。

赤ペン❷

SAIYO不動産の思い

お客様に将来の安心を提供

当社は世の中のさまざまなニーズに対して、不動産でソリューションを提供しています。

高齢社会の今、低金利も続き将来への不安を抱く方は少なくありません。そこで当社は「将来への安心を買う」という視点で資産運用としての不動産をご提案しています。

生涯寄り添うパートナーに

当社では投資用不動産のご提案だけでなく、ご購入後の管理、細かなご相談までおこなっています。不動産は購入して終わりではありません。初めて購入される方にも安心してもらえるよう万全の体制でサポートし、生涯のパートナーとして寄り添います。

※架空のページです

ケース④

年収に固執しすぎる中途の採用ページ

ここに赤ペン！❶「給与訴求だけで、本当にいいの？」

中途採用のページが陥りがちなのは、とにかく給与訴求になってしまうこと。「固定給〇〇万円以上。上がり続けます」「年収〇千万円／入社3年、35歳」のように、高い給与が入社してすぐに、何歳からでも得られますという内容ばかりの訴求が本当に多いのです（図25）。

中途の人は勤めた経験があり、比較基準を持っていることや、給与以外も年齢的に家族を持っていて転勤はできないなどの制約があることも多いため、新卒よりも条件を重視する比率は高くなります。ですから、自社の条件がいかにいいかを打ち出して採用したいと考える気持ちもわからなくはありません。

給与訴求はある意味、ターゲットが明確で178ページの「効果の出る制作設計の要素

図25　給与訴求に頼った採用ページ

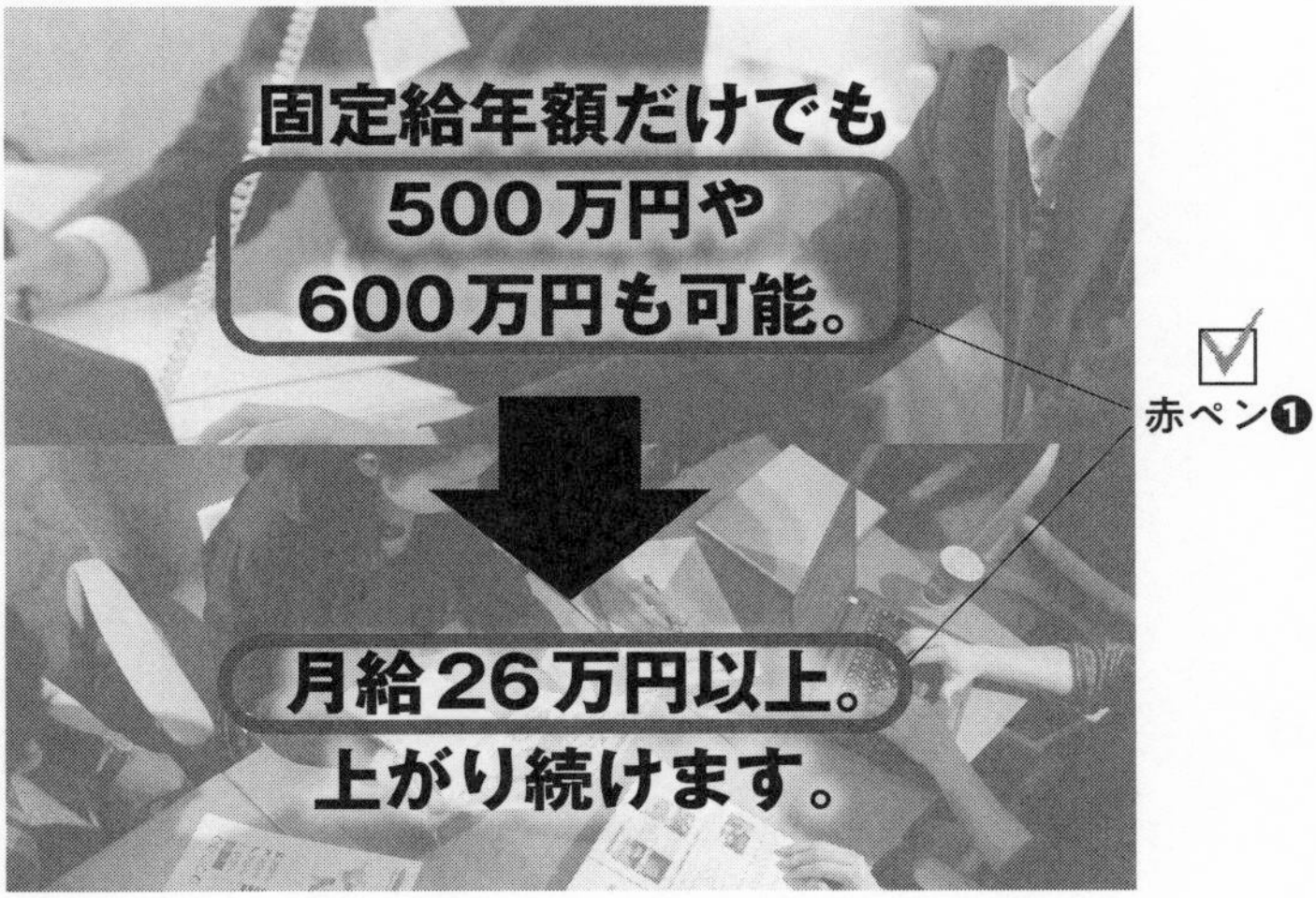

※架空のページです

5つ」の②ターゲットをつくることに即しているのでは？　と思われるかもしれません。確かに「これだけ稼ぎたい、お金を重視しています」というアグレッシブな人を求めているなら、欲しいターゲットに向けた表現とも言えます。

しかし、ここで聞きたいのは、「本当にそんな人が欲しいんですか？」ということです。お金で入ってきた人は、お金で辞めていきます。よりよい条件を提示されれば、容易に離れていってしまうのです。

こうした問いかけをすると、「確かに、お金お金と希望してばかりの人が来たら困る。でも年収訴求にしなかったら、人が集まらないのではないか」と不安になる気持ちもわかります。採用できないことを恐れて、つい求職者におもねるような広告になってしまうのです。

実は「給与訴求しなければ、人が集まらない」はまったく反対で、「給与訴求すると、かえって人が集まらなくなる」のです。もっと正しく言えば、「給与訴求にすると欲しい人材が集まらなくなる」のです。

求人広告や採用ページには、必ず給与例を記入する欄があります。いわゆるプロモーション系の広告と異なるのは、このような細かい概要欄も求職者は興味があればつぶさに見る点です。つまり、給与や休日などのスペック的な部分は、ことさら強調せずとも、情報としていずれ知られることになります。さらにいい条件の企業はたくさんあるわけですから、それよりも理念共感をベースに求人広告や採用ページも組み立てていくほうが、差別化になり、結果として概要欄にも目が向くことになるのです。

採用の目的は、会社で活躍できる人材を採ることです。とすると、給与や休暇だけに惹かれる人をターゲットにしているわけではないのですから、スペック訴求ではターゲットが明確化されているとは言えません。採用には新卒採用だから、中途採用だからといった違いがあるわけではないのです。中途採用であっても、理念中心に据えた本質的な採用をしていきましょう。

ここに赤ペン！❷「ターゲットが揺らぎすぎる」

ターゲットについては、もう一つチェックを入れることがあります。

それは、これだけ給与訴求をしているにもかかわらず、「将来安心の上場企業」と、いきなり、安定思考の人をターゲットにするようなコピーが登場しています（図26）。給与訴求で集まるのは、とにかく稼ぎたいアグレッシブな人、対して「将来が安心」という言葉で集まるのは歩合などの能力給よりも安定が欲しいという安定志向の人というのが相場です。

この会社は、安定企業でこれだけ稼げます、ということを言いたいのだと思います。おそらく、たくさんの応募が集まるように、間口を広くしておきたいがために、このような訴求になっていると思うのですが、コンセプトが明確でないために、この要素もあの要素も入れていこうとした結果、どの的をも射ないコピーになってしまうのです。コンセプトから見直して、ターゲットを決める必要があるでしょう。

図26　ターゲットの揺らいだコピー

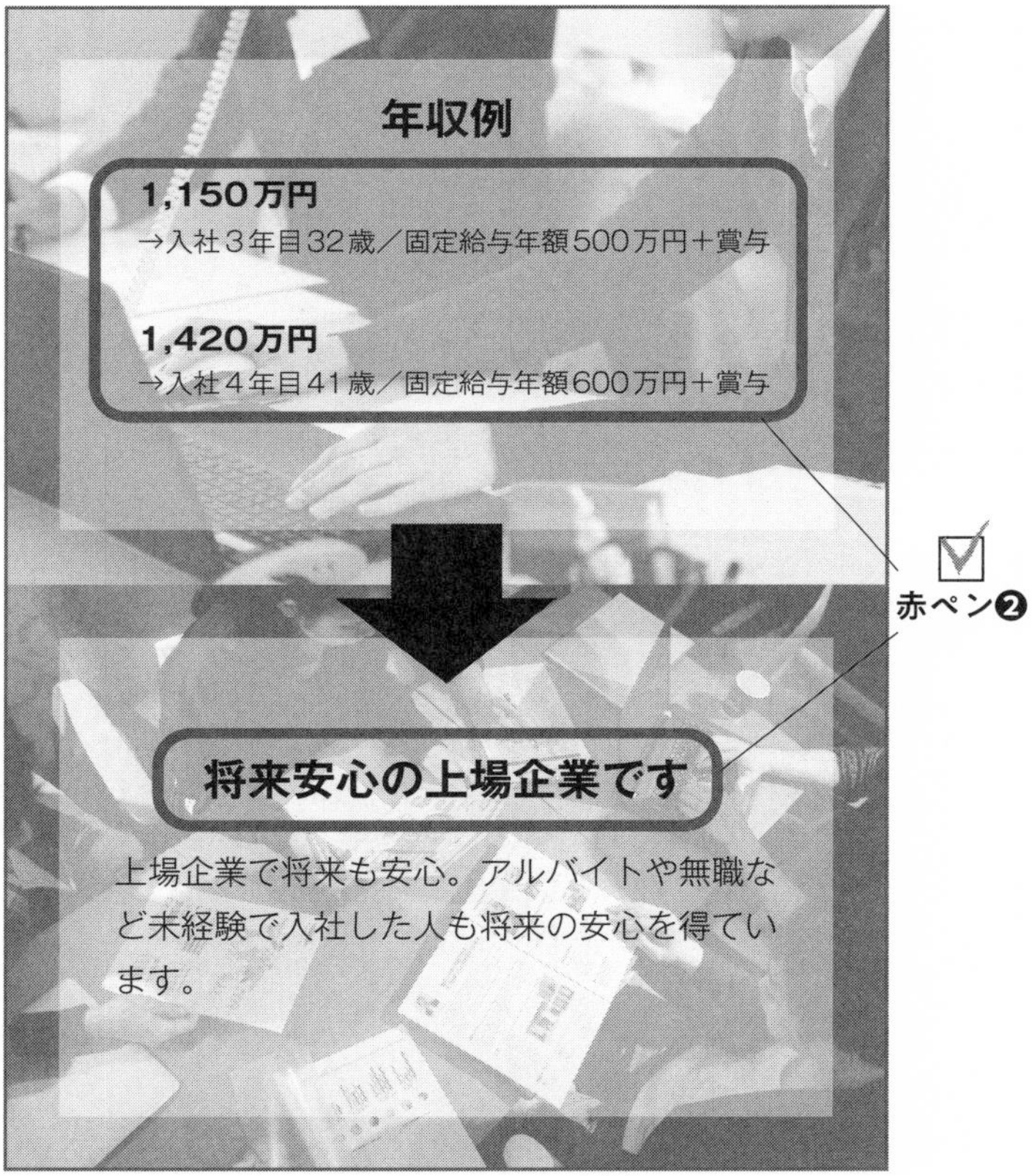
年収例
1,150万円
→入社３年目32歳／固定給与年額500万円＋賞与
1,420万円
→入社４年目41歳／固定給与年額600万円＋賞与
将来安心の上場企業です
上場企業で将来も安心。アルバイトや無職など未経験で入社した人も将来の安心を得ています。
赤ペン❷

第6章

理念を伝える採用をすると企業ブランドが育っていく

採用ブランディングも企業ブランディングも本質は同じ

企業戦略・戦術に理念を土台としたコンセプトをつくり、一気通貫させて、ファン獲得を実現していく。この構図を採用市場に当てはめたものが「採用ブランディング」です。

そもそもファンを育てていくという姿勢は、あらゆる企業にとって重要なことです。新規顧客が増えればいいという単純な発想でなく、企業の発展に欠かせない根強いファンを獲得する姿勢こそはまさに企業ブランディングそのものなのです。

企業ブランディングを成功させるには、まず社員が自社の強固なファンであることが必要不可欠です。ブランド論を形作ったアーカーも「まずはインナーブランディングから始めなさい」と著書『ブランド論』(ダイヤモンド社)で述べています。

採用フローを通じて、応募者をファンにし、入社時には理念がすっかり浸透した状態へ導く「採用ブランディング」は、企業ブランディングへの入り口と言えます。

企業ブランディングは、それを行う企業によって、定義が異なってきます。ロゴ、パンフレット、キャラクター、HP、プロモーションなど「広告」の部分を指して、ブランディングと定義しているところもあれば、ブランディングの主役は社員で、社員の発言・行動、働き方、社風、関連会社との関係や社会問題への取り組みなどを明確にしていくことこそ、企業ブランディングだと定義している場合もあります。

最近ではＳＤＧｓ（持続可能な開発目標）を組み込んだブランディングが未来を見据えた戦略を生むなど、時流に沿ったブランディングが次々と生まれ、言葉ばかりが増えていくようにも見受けられます。新しい言葉がつくられる度に、よりよいものが生まれたような気になって飛びついてしまいがちですが、ブランディングの本質は極めてシンプル。「すべての行程が理念に基づく」ことであると考えます。

パートナー企業、得意先、消費者、投資家、リクルート、従業員、すべてのステークホルダーに向けて一貫した理念・価値観が伝わるブランディングとなるためには、理念・価値観を一番に掲げ、そこからすべての戦略・戦術、実践が生まれていくべきです。

この構図は採用ブランディングもまた同じです。経営全体から見れば、採用ブランディングでさえ、採用を成功させるための手段にすぎませんが、本質は企業ブランディングとなんら変わりありません。

採用の成功が会社の未来をつくる

「企業は人なり」この言葉は、業種、業態、規模にかかわらず、あらゆる企業にとって人材は欠かせない要素であることを意味しています。企業ブランディングの視点からすると、採用は全体の一部ですが、「どんな経営でも適切な人を得てはじめて発展していく」とパナソニックの生みの親、松下幸之助氏も述べているように、人材の獲得すなわち採用は会社の要。自社を支える人を選抜する採用は、最も重視しなければならないところです。

採用ブランディングで適切な人材が獲得できると、社内に活気がでる、社員の主体性が高まる、売上が向上するなど好循環がもたらされ、結果的に企業ブランドが育っていきます。企業ブランドと採用ブランドは密接な関係にあるのです。

知名度に乏しい中小企業や製品が消費者の目に触れることのない生産財メーカーなどが採用ブランディングを行うことで、経営陣の意識変革がなされ、採用の効果を得るのはもちろん、将来的な企業価値の向上につながっていきます。

それまでは、「現場に任せておけばいい」という発想だった経営陣が、企業の成長を担う優秀な若手を採用することは自分の責務であると気がつくことで、人材という側面からも自社の将来的な発展に寄与できるようになるのです。経営陣が変わることで、企業は劇的に成長するので、今後は採用ブランディングを通して企業ブランディングを行うことが、あらゆる企業にとって必要不可欠となるでしょう。

副業時代だからこそ理念のつながりを大切に

「働き方改革」が推進される中、2018年にはソフトバンク、サイボウズ、サイバーエージェントといったIT企業を中心に、副業解禁をする企業が続出しました。大手クラウドソーシング運営会社「ランサーズ」の調査、「新フリーランス実態調査2021-2022版」によると、副業（本業・副業を区別しない労働者含む）・フリーランスの経済規模は23・8兆円で、2015年の調査開始時から9・2兆円拡大。フリーランス人口は1062万人となり、調査開始時から640万人増加しています。

副業を容認する企業が増えて来た背景には、次のような経営者の思惑があります。

・終身雇用で従業員とその家族を企業が守り続けることが当たり前ではなくなった。
・副業を持つことで経済的余裕や時間の有効活用をしたいと考える従業員の満足度を上げ

たい。

・本業に相乗効果のある副業を許可することで、従業員のスキルアップやマーケティングなどの営業活動につなげたい。

また、多様な働き方を認めている先進的な企業として、企業のイメージアップにつなげられる、自社で本業をこなしながらも副業を行えるほどのスキルの高い優秀人材を採用できる、逆に自社が副業先にもなることで、他社の優秀人材を外部社員として採用できるなどのメリットが見込めることも、副業解禁を後押ししているのです。

これからは副業前提の採用が必須

当社が2020年3月に行った副業・フリーランスに関連した意識調査（インターネット調査。全国550名）によると、6割以上のビジネスパーソンが副業・フリーランスに興味があり、そのうちの2人に1人は今後副業をする予定ありとの回答でした。さらに、副業やフリーランスを行う予定のあるビジネスパーソンの約6割は、具体的な売上までイメージできているという結果となりました。

採用時に現在の会社に理念共感していた人（共感していた、どちらかというと共感していた人の合計）で、①副業・フリーランスに興味のある人は、25・6%、同じ条件で、②副業・フリーランスをする予定のある人は、27・4%となりました。

一方、採用時に理念共感していなかった人（どちらかというと共感していなかった、共感していなかった人の合計）の①の割合は13%、②の割合は12・5%で、理念共感している人のほうが、圧倒的に副業・フリーランスへの興味や予定が高いことがわかります。

調査結果が意味することは、これからは働く人が副業をしたりフリーになることを認めたうえで採用していかなければいけないということです。

理念のもとに集まることができていなければ、「自分はなんのためにこの会社で働いているのだろう」と疑問を抱く日が遅かれ早かれ訪れます。自分の強みが活かせる副業やフリーランスがあれば、そちらを始める気があることも意識調査でわかりました。会社は今後ますます、理念（＝目的）のもとに集まるコミュニティ化を避けられないでしょう。

実際に、同調査で副業やフリーランスの予定がある人（n＝201）に、「副業が好調な場合、現在の勤務先を退社し、フリーランスとして働きたいですか？」と聞き、さきほどの分類で分析しました。

採用時に現在の会社に理念共感していた人（共感していた、どちらかというと共感していた人の合計）で、①「フリーランスとして働きたい、どちらかというとフリーランスとして働きたい」と答えた人は、36・3％、採用時に理念共感していなかった人（どちらかというと共感していなかった、共感していなかった人の合計）では10・5％と圧倒的な差が開きました。

ここでわかるのは、理念共感が高い人ほど、自分の人生への目的意識も高いということ。だからこそ彼らは活躍人材になれるのです。

プロジェクトごとであれば、フリーの集合での仕事も可能で、このような仕事の形は今後、増えると予想されます。しかし、ばらばらに集まったフリーの人間が、それぞれの技術だけを集合させても、プロジェクトをうまく回すことはできません。一時的に集まった人たちには、会社の理念が浸透しているはずもないので、フリー集団の意識をひとつにまとめていくには正社員の存在が必要なのです。

まとめ役の正社員が、自社の理念やプロジェクトの目的をいかに理解しているか、実践できているかで、成否が決まります。理念に共感した社員にしか、これからの仕事を支えられないでしょう。採用ブランディングがますます必要な時代となります。

もう採用が楽になることはない

公益財団法人全国求人情報協会の調査では、コロナ禍では、２０２０年5月が求人件数の最低値で、その頃は一時的に採用がしやすくなりましたが、そこから徐々に回復し、２０２１年4月の求人件数は、前年同月比約9割まで回復。その年の5月には、前年同月比＋28・5％まで一気に回復しました。

新卒採用は、リクルートワークス研究所の大卒求人倍率調査（２０２１年卒）によれば、２０２１年の大卒求人倍率は1・53倍で、前年の1・83倍と0・3ポイント低下していますが、バブル崩壊時やリーマン・ショック時の水準ほどには至りませんでした。この背景には、コロナ禍で一時的に採用しやすくなったことで、普段あまり人が集まらない業種、いわゆる不人気業種などが積極的に採用を行ったことが考えられます。

日本では、この時期にオンラインでの説明会、面接、面談の開催が飛躍的に進みました。各企業は、まず自分たちが早急にオンラインでの対応に慣れることを求められ、これまでとは全く異なる新しい方法で、各社手探り状態での採用活動を強いられました。

採用ブランディングは、好況だろうが不況だろうが、時流に左右されない普遍の理論です。企業経営の本質に即しているので、実際の手法はその時々の最適なものを、自社のコンセプト（スローガン）に忠実に設計し、実践すれば必ず結果が得られます。

コロナ禍を経て、それ以前よりもさらに採用は困難になっています。私たちのヒアリング調査では、新卒採用紹介の相場が急激に上昇しており、採用予算はさらに膨らんでいく傾向にあると予想しています。

私が「採用ブランディング」という概念を提唱しているのは、採用に難航する企業の経営者や採用担当者の力になりたいという一心からです。これによって優秀な社員が得られ、企業の成長につながる。そんな未来を実現することが自分の使命だと思っています。

どんな苦しい採用状況下にある企業にも効果を出してきたのは、従来の施策に固執せず、会社の理念に則って最適な施策をフレキシブルに生み出す作業を、社員の皆さまと一緒に行ってこられたからです。従来の採用方法に頼れなくなった今こそ、採用ブランディングが力を発揮するでしょう。理念に則った、自社〝らしい〟採用でしか人を集められない時代がいよいよ差し迫ってきたのです。

本書を手に取ってくださった方が、採用ブランディングの考え方を習得し、ワークショップを自社開催できるように、その全貌をお伝えしてきました。「採用が厳しい」と感じるすべての皆さまにとって、本書が突破口を見出す一助となれば幸いです。

おわりに

コロナ禍は多くの企業に、そして私たちの生活に大きな影響を及ぼしました。これまでの価値観を一気に覆される大きな出来事でした。この不況が大きく異なったのは、大企業から始まって徐々に中小企業に波及するのではなく、私たちの生活に直結する小さな店舗が真っ先に影響を受けました。

どんな状況になろうとも、経営は止まることを許されません。

売上を上げ、人材を確保し、成長することを求められます。採用ブランディングは、採用に劇的に即効性のある実践的方法論ですが、俯瞰してみれば、売上を上げていくための、本質的で効率的、またやりようによっては、即効性もある方法論です。

『採用ブランディング』（幻冬舎）を2018年に出版した後、「採用ブランディング」という言葉は広く一般的にはなったものの、あまりに誤った理解と使い方を見るようになり、残念な思いをしてきました。

私たちの実践や研究もさらに進み、アップデートした採用ブランディングをお見せすることは、広く多くの企業のお役に立てるのではないかと思い、この度、新装改訂版を上梓しました。

私のキャリアは、大学を卒業後、地元・山梨の広告代理店のコピーライター／CMプランナーで始まりました。小さな企業が多かったものの、志のある経営者と一緒にたくさんの仕事をさせていただきました。広告という側面から、知名度も、企業規模も予算も大手とは違う小さな企業がどうすれば勝てるのかを考え続けてきました。その後、移ったパラドックスでは、リクルートと協業して採用広報に携わる機会を数多くいただき、採用市場には、まだ知られていないたくさんの志のある企業があることを知りました。数多くの採用戦略に関わってきた中から導き出された新たな理論が「採用ブランディング」です。

売上を上げるのも、組織をつくるのも結局は人。採用ブランディングを始まりにすれば、どんな企業もブランディングが始められ、企業の成長にインパクトを与えられるのです。

考えてみれば、私のこれまでのキャリアは、弱者がどう勝つか、まさにジャイアント・キリングを考え抜くことだったといっても過言ではありません。

私は広告業界やＨＲ業界の誰もが知っているメインストリートを歩いてきたわけではありません。しかしだからこそ、このような理論を生み出す考えに至れたのだと思います。

その運の良さ、これまでに出会ってきたすべてのみなさんに深く感謝の念を感じずにはいられません。たくさんのご縁の中でいただいた、刺激、発見、学び、叱咤、激励、それらが私をここまで運んでくれたのだと思います。

多大な尽力をしてくれたＷＡＶＥ出版の皆さま。前著により磨きをかけるためにたくさんのアイデアをいただきました。また、納得行くまで原稿の修正をさせていただきました。まだまだよちよち歩きの私の会社、むすびに集まってくれたメンバーたち。日々実践と研究に共に苦闘する経験が、この本をつくらせてくれました。

さらに、休日も執筆に苦闘する私を黙って見守ってくれた妻。

彼らが一緒にこの本をつくりあげてくれました。

これからも企業の規模にかかわらず、自分たちのビジネスで、世の中の役に立ちたいと願う志の高い企業や経営者の力になりたいと考えています。

本書が、たくさんの経営者のヒントになり、採用ブランディングの実践が、たくさんの求職者が活躍できる企業との出会いにつながれば、これほどうれしいことはありません。

深澤 了（ふかさわ りょう）

ブランディング・ディレクター／クリエイティブ・ディレクター
早稲田大学商学部卒業後、山梨日日新聞社・山梨放送グループに入社。広告代理店にてCMプランナー／コピーライターとして活躍した後、株式会社パラドックスへ入社。ブランドの戦略づくりから、プロモーションまで一気通貫してサポート。株式会社リクルート（現・株式会社リクルートホールディングス）と協業し、数多くの企業の採用戦略に携わる。これまで採用活動に関わった企業は1000社以上。2015年、ブランディングを企業経営のインフラにしたいとの思いから、むすび株式会社を設立。「企業」「商品・サービス」のみだった従来のブランド論に、「採用ブランディング」という新たな理論を構築し、母集団の質改善、内定辞退率の低下など、数多くの企業の劇的な採用成績向上に貢献している。早稲田大学ビジネススクール修了(MBA)。『どんな会社でもできるインナー・ブランディング』（セルバ出版）など、ブランドに関する書籍・執筆多数。

人が集まる中小企業の経営者が実践している、すごい戦略
採用ブランディング　新版

本書は、2020年7月に当社から発行された『知名度が低くても“光る人材”が集まる 採用ブランディング 完全版』の内容を一部加筆・修正したものです。

2024年7月9日　第1版　第1刷発行

著　者　深澤 了

発行所　WAVE出版
〒102-0074　東京都千代田区九段南3-9-12
TEL 03-3261-3713　FAX 03-3261-3823
振替 00100-7-366376
E-mail: info@wave-publishers.co.jp
https://www.wave-publishers.co.jp

カバーデザイン　小口翔平＋後藤司（tobufune）
本文デザイン　小山田倫子（noko design）
編集協力　福井寿久里
校正　WAVE出版編集部
印刷・製本　株式会社シナノ・パブリッシングプレス

NDC335　223p　19cm　ISBN978-4-86621-488-7